小椋三嘉●
Ogura Mika

チョコレートのソムリエになる

集英社be文庫

Hôtel Plaza Athénée

パリにいるときは、ときどきホテル・プラザ・アテネのティーサロン「ギャラリーゴブラン」のホットチョコレートが飲みたくなります

Jean-Paul Hévin

パリのルーヴル美術館のガラスのピラミッドと、ジャン＝ポール・エヴァンのマカロンを使った特別作品。今は亡き現代美術家セザールの作品「コンプレッション」にオマージュを捧げたものです

はじめに

チョコレートの扉を開いたら、きっと宮沢賢治の『注文の多い料理店』のように、期待に胸を躍らせながら、どんどん扉の奥へと入り込んでしまうことでしょう。この物語をご存知ですか。森でおいしそうな佇まいのレストランに魅せられて中に入ると、次々と扉が現れ、奥へ、さらに奥へと導かれるうちに、自分たちが食べられる側なのだと気づくというお話です。チョコレートは人を食べたりはしませんが、チョコレートに魅了されると、さらなるおいしいチョコレートを求めて、このお話みたいに限りなく扉を開けて、どんどん奥へと進みたくなってしまいます。

スウィーツブームに続き、チョコレートの人気が沸騰しています。チョコレートの健康やダイエット効果がクローズアップされるようになり、愛好者の年代層は、性別を問わず大幅に広がっています。高級チョコレートが特別な人への贈り物でしかなかった時代は終わり、自分のために買い求めることも、あたりまえとなりました。チョコレートを好む男性も驚くほど増えています。これほど多くの人を虜にしてしまうのですから、まさに「神様の食べもの」を意味するカカオの学名「テオブロマ・カカオ」にふさわしい神秘を感じます。

チョコレートの最大の特徴は、力強い香り、口溶け感、そして食べたあとも、感覚の中で残り香のように続く、あの深い味わいにあります。外がからだの芯まで寒さを感じるほどの気温のときでも、上質なカカオ豆をたっぷりと使ったチョコレートは、口に含めばゆっくりと舌の上でとろけ始めます。それは原料となるカカオ豆に含まれるカカオバターの融点が、偶然にも人間の体温と同じくらいだからです。チョコレートをおいしく感じる秘密はここにあるのです。

チョコレートの扉を開けてしまったら、あとはもう進むのみです。そこでワインのソムリエのように、私自身の体験を通したチョコレートに関する知識をフルコースにして、この本を書いてみました。読んでいるうちに、いつの間にか、あなたまでチョコレートのソムリエ気分になってもらえるように。

この本を通して、あなただけの愛すべきチョコレートを、そしてあなたらしい楽しみ方を、私と一緒に見つけてみませんか。

Truffes
だれからも愛されるショコラの女王
トリュフ

Ladurée & Mika Ogura

ラデュレ&ミカ オグラ スペシャルボックス

2005年にラデュレが初めて日本上陸したときの特別企画として、数種類のチョコレートを詰め合わせたコラボレーションボックスを一緒に作りました

目次

Gâteau au chocolat
ガトー・オ・ショコラ（レシピは33ページ参照）。チョコレートケーキの代表選手です

Mousse au chocolat
ムース・オ・ショコラ（レシピは37ページ参照）。フランスのママの味。だれでも手軽においしいムースが作れます

01 おいしいチョコレート

Chocolat

飲むチョコレート、板チョコ、ボンボン・ショコラ、チョコレートケーキ、デザート、アイスクリーム…。冷たいものから熱いものまで、チョコレートの楽しみ方って、本当にバラエティーに富んでいます。それはチョコレートが温度によって、液体から固体までいろいろな姿に変身できるからなのです。

数年前、ヨーロッパから「ショコラティエ」と呼ばれるチョコレート専門職人が相次いで日本進出を果たして、高級チョコレートのブームが巻き起こりました。ショコラティエが作る、ひと口サイズの粒チョコレート「ボンボン・ショコラ」は、いまだに人気が衰えることはありません。今ではフランス語でチョコレートを意味する「ショコラ」という言葉も一般的なものになりました。「チョコレート」と「ショコラ」。この二つは言語の違いこそあれ、言語学上の意味においては差がありません。けれど、それぞれの単語から思い浮かぶイメージの違いから、感覚的に使い分けをしているのです。「チョコレート」は外来語であっても、チョコレート製品の総称として、広く一般に浸透していきます。それに対して「ショコラ」は高級チョコレートのブームと同じくらいの時期に日本に入りました。そこから日本では、ショコラティエやパティシエが作ったものや、高級感を出したいものは「ショコラ」としています。一方で板チョコは日本に定着してから長い歴史を持つためか、上質な素材を使っていても「チョコレート」と呼ぶ傾向にあるようです。

今日、世界で最高のチョコレートが味わえるのはフランスだということは、多くの食の評論家たちが認めるところです。けれど過去においては、十六世紀のスペインから始まり、イタリア、フランス、オーストリア、フランス、スイスがそれぞれ時代を担いました。そして、二十一世紀は？　日本のチョコレートの目覚ましい進化に期待も膨らみます。

Chocolat de couverture
クベルチュールのブロックは、波形
になったパン切り包丁でザクザク。
力を入れなくても簡単に刻めますよ

Chocolat chaud

ホットチョコレート(レシピは19ページ参照)は仕上げに、電動ミキサーやバーミックスでしっかり泡立てるとおいしいですよ

01-01 Chocolat chaud
最初、チョコレートは飲みものだった

フランスで子どもから大人まで広く愛されている飲みものに、「温かいチョコレート」を意味する「ショコラショー」があります。私も十二年ほどパリで暮らすうちに、よく飲むようになりました。パリのホテルには、朝食用の温かい飲みものに、コーヒーや、ティーだけでなく、必ずホットチョコレートか、ココアが用意してあるほどです。日本でもココアがブームになったことがありましたね。チョコレートを溶かして作ったものは、トロリとしたホットチョコレートになり、ココアパウダーを使うと、さらりとしたココアに仕上がります。フランスではどちらも「ショコラショー」と呼びます。昔から毎朝飲むことは、健康に良いとされていました。そのためか子どものいるフランスの家庭では、朝食用にインスタントココアを備えています。でも大人のためには、専門店にある固形チョコレートをフレーク状に削ったものや、チョコレートミックスを使うと、初めてでも簡単に本格的なホットチョコレートが作れてお勧めです。

飲みものとしてのチョコレートの歴史は、かなり古いものです。現在、市販されているような板チョコが誕生したのは、ようやく十九世紀になってからのこと。それまでは、飲むチョコレートが中心だったのです。

そもそも人間がチョコレートの原料カカオと関わりを持つようになったのは、古代マヤやアステカより、さらに前のオルメカ文明が栄えた時代にまでさかのぼります。カカオ豆は古代中南米で共通の貨幣としても広く流通していました。そのためチョコレートはとても貴重な飲みもので、宗教的な儀式にも欠かせませんでした。時代や場所によって温かいものから冷たいものまであり、滋養強壮の効果があることも、すでに知られていました。神聖な色とされた赤色に着色され、甘味をつけず、唐辛子などで風味づけされていました。いったいどんな味がしたのでしょう。ちょっと飲んでみたいと思いませんか。

砂糖やシナモンが加えられて、ヨーロッパ人好みの味に改善されたのは、十六世紀にアステカ帝国がスペインの征服者コルテスによって滅ぼされ、植民地化が進んでからのことでした。このとき、チョコレートは多くの戦利品とともに海を渡り、ヨーロッパの王侯貴族の間で広まったのです。

一日を上質なカカオ豆をたっぷり使った、おいしいホットチョコレートを作ることから始めてみませんか。溶かしたチョコレートを味わう。それだけのことなのに、活力が湧いてきて、朝から気分の良い一日が過ごせそう。ふんわり泡立てた濃厚なチョコレートをカップに注ぎ入れると、立ちのぼるカカオ特有の香りに包まれて幸せを感じます。

今日はエネルギーが足りない。そう感じるのが、朝食にチョコレートを飲まなかった日だったりすると、いつも受けている恩恵に気づいて、改めてチョコレートに感謝したくなります。

肌寒さを感じる季節。夕暮れ近くに飲む温かいチョコレートは、冷えきってこわばったからだと心をほぐしてくれて、ほんわりした気分にしてくれます。

美食家で博識として知られたフランスの司法官ブリア゠サヴァランは、一八二六年に著書『美味礼讃』の中でこんなふうに書いています。「習慣的にチョコレートを飲む人は、いつも健康でいることができ、人生の喜びを台無しにしてしまうこまごました病気にかかることもなければ、肥満になることもない」と。飲むチョコレートの恩恵は、脈々と受け継がれています。

朝の一杯で元気いっぱい

ホットチョコレート

Chocolat chaud

チョコレートを飲み慣れていない人は、最初はカカオ60%前後のチョコレートで作ってみてはいかがでしょう。カカオ90〜100%の高カカオチョコレートを使う場合は、ブラウンシュガーを小さじ3杯ほど加えます。ヴァニラやシナモンパウダーを入れたり、コーヒーで割ったり、ホイップクリームを浮かべたり…。いつものホットチョコレートに少しプラスするだけで、違ったバリエーションを楽しむこともできます。

●材料(大きめのカップ2杯分)
水　150ml
純ココアパウダー　小さじ1
カカオ70%以上のチョコレート　80g
低温殺菌牛乳(普通の牛乳でもよい)　200ml
●作り方
①ミルクパンに水と純ココアパウダー、あらかじめ刻んでおいたチョコレートを入れて中火にかけ、かき混ぜながら温めます。
②チョコレートが完全に溶けて、光沢のあるつややかな状態になったことを確かめてから弱火にします。
③牛乳を少しずつ②に加えながら泡立て器で攪拌して、ふんわりと仕上げます。
※低温殺菌牛乳を使う場合は、栄養価を損なわないように火の入れすぎに注意。
また、板チョコは手で簡単に割れますが、製菓用チョコレートのブロックを使う場合は、刃が波形になったパン切り包丁を使うとザクザクと刻みやすいです。

01-02 Un bon petit déjeuner
朝から嬉しいチョコレート三昧

フランスの朝食には、いろいろなチョコレートが登場します。代表的なのは、「ショコラショー」「パン・オ・ショコラ」「チョコレート・スプレッド」の三つ。「ショコラショー」はすでにご紹介しましたね。日本でもおなじみの「パン・オ・ショコラ」は、クロワッサンの生地にチョコレートを包み込んだチョコレート入りのパンです。フランスのパン屋さんなら、どこにでも必ずあります。朝食のときだけでなく、ちょっと小腹がすいたときのおやつとしても人気があり、日本の餡パンのように身近なものなのです。

パリに住んでいるとき、近所のパン屋さんには、いつも下校途中の子どもたちが集まってきました。「パン・オ・ショコラ」だけでなく、即席チョコ・サンドを食べている子どもたちもいました。それはこんなふうに作ります。二〇グラムほどの細長い板チョコと、バゲットという長い棒状のフランスパンを半分、あるいは三分の一だけ買って、その場でバゲットを手で切り開き、チョコレートを挟むものです。満面の笑みを浮かべて頬張る子どもたちの姿が印象的で、私も家で試してみました。シンプルだけど、意外においしい。「チョコレート・スプレッド」の原型といったところですが、試してみる価値ありです。

朝食のときにパンにつけて食べるための「チョコレート・スプレッド」。数年前からパリのショコラティエなどで、高カカオのスプレッドを見かけるようになりました。パリのホテル「プラザ・アテネ」の朝食用スプレッドは、ヘーゼルナッツとチョコレートのバランスが絶妙。高カカオなのに、マイルドな味わい。度重なる宿泊で気になる存在になりました。パリの高級ホテルのスプレッドを、おうちで味わってみませんか（レシピは一七三ページ参照）。

01-03 Chocolat à croquer 板チョコレートは耳でも味わう

私のチョコレートへの恋は、「カレ（小さな正方形の板チョコ）」との出会いから始まりました。約三センチ四方の板チョコは、口の中ですぐにとろけてなくなってしまう大きさです。フランスのレストランやブラッスリーで食事をすると、食後の温かい飲みものにこの板チョコがついてきます。食後に出てくるためか、甘さを抑え、豆の風味を生かした高カカオのものが多く、おなかがいっぱいのときでも、つい食べてしまいます。このひと口の積み重ねが、いつの間にか私の舌を鍛えてくれました。思えば、これが私の板チョコの、それも高カカオチョコレートの洗礼となったのでした。

板チョコを割るときには、少しだけ耳を澄ますことを忘れないでくださいね。板チョコの特徴はあのパキッという割れるときの軽快な音にあります。いろいろなチョコレートの中でも、視覚、聴覚、嗅覚、味覚、触覚の五感を駆使して味わえるのは板チョコだけ。あの音がたまらなく好きな人は意外に多いです。

●チョコレートの基礎知識

ご存知の方が多いことと思いますが、チョコレートはカカオ豆から作られます。カカオの実から取り出したカカオ豆は、発酵や乾燥を経たあと、焙煎したり、すりつぶしたり、さまざまな工程を経て、チョコレートになるのです。カカオ豆は固形分と全体の約半分を占める「カカオバター」と呼ばれる油脂分から成っています。カカオバターをほとんど取り除いた固形分を粉にしたものが純ココアパウダーです。市販の板チョコのパッケージに、原材料として記載されている「カカオマス」は、カカオ豆をつぶしてペースト状にしたものです。

チョコレートは大きく、ブラック、ミルク、ホワイトの三種類に分けられます。ブラックはダークとも呼ばれ、カカオ豆、カカオバター、砂糖、香料のヴァニラ、そして乳化剤としてごく少量のレシチンから作ります。最近では、カカオ豆の風味を生かすために、あえてヴァニラを加えない無香料のチョコレートもあります。ミルクはブラックに粉乳を加えたもの。そしてホワイトはカカオバターと粉乳と砂糖という白い素材のみから作られます。カカオ特有の香りが少ないので、果実や抹茶を混ぜるなど、多様なバリエーションが楽しめます。

●パッケージ表示の謎解き

チョコレートの表示には、規約があるのをご存知ですか。全国チョコレート業公正取引協議会が作成した解説書「チョコレートの表示」によれば、日本でも国内の成分規格に沿って作られた代用油脂を使っていないものには、商品名に「純チョコレート」とか「純良チョコレート」との表示が可能です。

「チョコレート」と表示できるのは、ブラックチョコレートの場合カカオ分が三五％以上（内一八％以上がカカオバター）のものと、それを六〇％以上使った加工品。チョコレートのパッケージに記載された名称が「チョコレート」であれば、この基準をクリアしているものと考えられます。またカカオ分が一五％以上（内三％以上がカカオバター）のものと、それを六〇％以上使った加工品は「準チョコレート」です。一方で、六〇％未満の加工品は、最後に「菓子」がついて、それぞれ「チョコレート菓子」「準チョコレート菓子」と表示され、代用油脂を始めカカオ以外の成分を含む割合が高くなります。

さらに国内規約以外に、国際規定のある製菓用チョコレート「クベルチュール」もあります。市販のものよりカカオバターを加えているのが特徴です。

一九九〇年代半ばのココアブームから、チョコレートにまつわるさまざまなトレンドを経て、最近は日本でも本物の味を求める人たちが急速に増え始めました。それに伴って、高カカオチョコレートの人気も年々高まってきています。

フランス、ベルギー、イタリア、スペインといった国々は、チョコレートに代用油脂を添加することにとりわけ敏感で、商品パッケージに「純粋なカカオバターのみを使用」とか「純粋カカオバターで作っています」と表示しているものが少なくありません。それは欧州連合で五％以下の代用油脂の添加を認めている英国やオーストリアなど他の加盟国の商品と差別化するためです。輸入チョコレートがすべて素晴らしいとは言えない理由がここにあります。

嬉しいことに高カカオチョコレートに関しては、日本でも代用油脂を使わない傾向になってきています。日本の板チョコのレベルは、ここ数年、驚くほどの早さで進歩し続けているのです。近い将来、日本のチョコレートがヨーロッパで認められるということも、あり得るかもしれません。

さあ、これだけの知識が備わったのですから、これからは自分に合った賢いチョコレート選びができそうな気がしませんか。

01-04 Bonbon au chocolat
ボンボン・ショコラは贈り物を開けたときの喜びの味

琥珀色の極上のトリュフをひと粒、そっと口の中へ。舌の上でとろりとした食感が広がって、カカオ特有の芳香がほんわり鼻腔をかけのぼります。う〜ん。なんという至福のひととき。こんなときは、多少、嫌なことがあったとしても乗り越えられてしまう気分になるから不思議です。おいしいトリュフを味わってみてください。そうすれば、どうして私がこれほど熱烈なファンになってしまうのか、きっとわかってもらえることでしょう。

トリュフは「ボンボン・ショコラ（ひと口サイズの粒チョコ）」の女王様。歴史的にももっとも古く、一八九五年にフランス南東部、イタリアに隣接したサヴォア地方のパティシエによって作られたのが始まりとされます。キノコの黒トリュフに色や形が似ていることから、その名がつけられました。フォアグラやキャビアと並ぶ世界三大珍味のひとつで、地中に生まれ育つ珍しいキノコ。「黒いダイヤモンド」と呼ばれ、古来、美食家たちから賞賛され続けていて、私も好きな食材です。薄くスライスをして散らすだけで、サラダやパスタやオムレツといったシンプルな料理が、途端に気品と味わいを増して輝き始めます。このおいしさに目覚めると、トリュフという単語を耳にするだけで、トリュフ狩りの訓練をされた豚や犬のように、無意識に反応してしまって落ち着かない。そんな興奮度も、やっぱりチョコレートのトリュフと同じです。

レシピはいたってシンプル。けれど極めるのはプロの技。要となるのはガナッシュ作り。「ガナッシュ」については次のページで。あとは冷蔵庫でねかせて、絞り器で小さなボール形に絞り出します。まわりに湯煎にしたショコラを薄くかけ、最後にカカオパウダーをまぶして出来上がりです。プレーンなものだけでなく、フルーツやアルコールなどを加えると、風味づけトリュフの完成。

絞り袋にガナッシュ(28ページイラスト01～03)を入れてトリュフの形に絞り出し冷蔵庫で冷やす

テンパリングをしたチョコレートにトリュフの形のガナッシュをつける

カカオパウダーをまぶして完成

フランス流の粒チョコ
ボンボン・ショコラ
Bonbon au chocolat

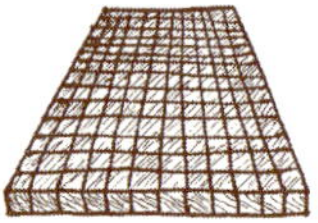

07

冷蔵庫で冷やし固め、まわりの棒を外して縦と横にカットする

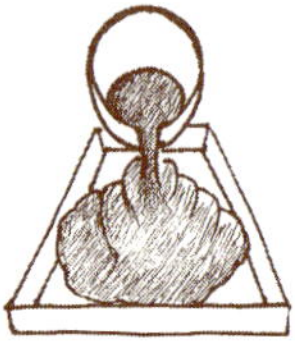

04

4本の平たい定規のような棒で作った長方形の枠の中に流し込む

01

生クリームを沸騰するまで温める

08

1個ずつテンパリングしたチョコレートにつけ、まわりを薄くコーティングする

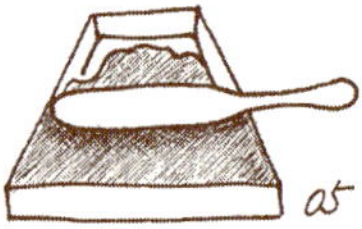

05

まんべんなく流し込んだら、ガナッシュを平らにのばす

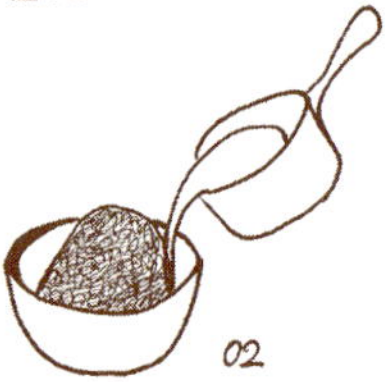

02

チョコレートを細かく刻んでボウルに入れ、01をまわりから少しずつ注ぐ

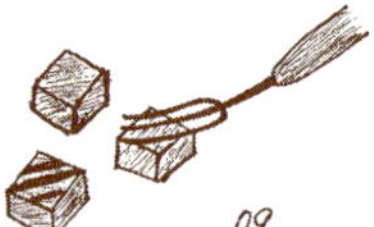

09

固まらないうちにチョコレート用フォークで表面に模様をつけて完成

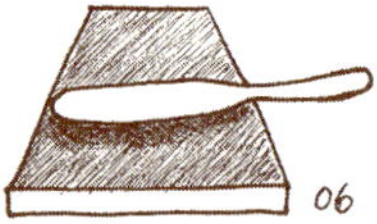

06

冷蔵庫で冷やして、表面にテンパリングしたチョコレートを薄く塗る

03

外から中へと混ぜながら、しっかり乳化させる

※テンパリングってなに？
カカオバターには融点の異なるいろいろな脂肪酸が含まれ、そのままではチョコレートが固まりません。温度を調節して融点をひとつに統一するのがテンパリングです。50℃くらいまで上げ、保温器で31～33℃に保ったチョコレートを使います。ショコラティエのアトリエには、桶の形をした大きなテンパリング器が置いてあります。

●ボンボン・ショコラの中身は目と舌で楽しむ

ひと粒のボンボン・ショコラは、まるでラッピングされた贈り物のパッケージのように見えませんか。チョコレートでラッピングされているわけですから、見た目はすべて同じチョコレートに見えてしまいます。中身がどんなフレーバーなのかは食べてからのお楽しみ。それだけに食べるときには、贈り物を開けるときのようなワクワク感があります。

中身として圧倒的に多いのは「ガナッシュ」、そして「プラリネ」が続きます。「ガナッシュ」は簡単に言えば、沸騰させた生クリームを、細かく刻んだチョコレートに注ぎ入れて混ぜ合わせたものです。チョコレートの割合が高いだけあって、チョコレートそのものの特徴を感じやすい。それがチョコレート好きにはたまりません。ショコラティエにもよりますが、全体の六割以上に「ガナッシュ」を使っています。その代表的なものが前出の「トリュフ」やスイス生まれの生チョコレート「パヴェ（石畳）」です。また、「ガナッシュ」に、生フルーツのピュレや天然ハーブ、はちみつや香辛料、アルコール飲料などを練り込むことで、いろいろな味を組み合わせて楽しむこともできます。

Bonbon au Chocolats

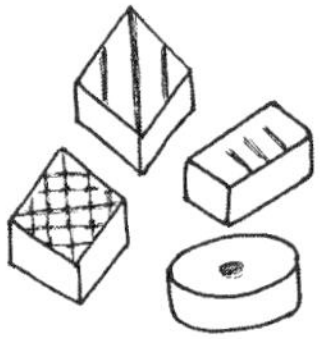

Orangettes

mandiants

「プラリネ」は、チョコレートとナッツとの相性の良さが決め手。ローストしたアーモンドやヘーゼルナッツに、熱を加えてキャラメル状にした砂糖をからめ、つぶしてペースト状にしたもので、これもファンが多いものです。

ボンボン・ショコラの中身としては、ほかにもアーモンドペーストや「ジャンドゥジャ」などを使うことがあります。ジャンドゥジャはイタリアで誕生したもので、軽くローストしたヘーゼルナッツをチョコレートに練り込んだものです。ボンボン・ショコラではありませんが、ショコラティエが作るチョコレートは他にもいろいろあります。オレンジピールの砂糖漬けをチョコレートでコーティングしたものは「オランジェット」と呼ばれ、多くの人に愛されています。オレンジやレモン、しょうが、マロンといったフルーツやスパイスを砂糖漬けにして、外側を薄くチョコレートでコーティングした変わり種や、小さな円盤形のチョコレートの上に、ナッツやドライフルーツをのせた「マンディアン」もあります。
ショコラティエのショーケースには、常に二十種類くらいのボンボン・ショコラがあってほしいものです。私はボンボン・ショコラを食べるときは、いつも中央にナイフを入れて二等分にします。断面を眺めていると、額に入れられたコンテンポラリーアートのように思えてきませんか。そして観賞後に片方ずつ味わうのです。茶道ならぬ、チョコレート道とでも名づけましょうか。

ベルギー流の粒チョコ
PRALINES
プラリーヌ

ベルギーのフランス語圏では粒チョコのことを「プラリーヌ」と呼びます。フランスの「ボンボン・ショコラ」と大きく違うのは、チョコレートを型に流し込んで、まずは型を作ることです

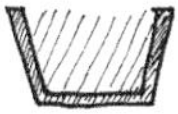

チョコレートのカップができたら、中身はガナッシュやクリーム、あるいはリキュールなどの液体を入れることもできますよ

中身を入れたら表面に溶かしたチョコレートを塗ってふたをします。こうして完成します。ふたをした面がプラリーヌの底になります

01-05 Gâteau au chocolat
定番から外国生まれまで幅広いチョコレートケーキ

「ガトー・オ・ショコラ」って、聞いたことありますか。フランスでもっとも愛されているもの。日常的によく食べられる、円形をしたシンプルなチョコレートケーキです。パン屋さん、パティスリー、カフェ、ショコラティエと、切り分けたものを広い範囲で目にすることができます。日本でもおなじみですよね。チョコレート好きには、ショコラティエが作るカカオ分の多いものがお勧めです。ショコラティエのようにチョコレートをたっぷり含んだ「ガトー・オ・ショコラ」を作ってみませんか。

ところで「ガトー・オ・ショコラ」って、チョコレートを使ったケーキの総称でもあるのです。

豊潤なコクと香りが
大人の味

ガトー・オ・ショコラ

Gâteau au chocolat

●材料(直径21cm 1 台分)
カカオ70%のブラックチョコレート　250g
卵　4個
ブラウンシュガー　100g
無塩バター　100g
小麦粉(薄力粉)　30g
牛乳　50ml
純ココアパウダー　小さじ2
塩　ひとつまみ

●作り方
①卵を卵黄と卵白に分けます。小麦粉はふるっておきます。オーブンを160℃に温めておきます。
②チョコレートを細かく刻み、無塩バターとともに湯煎にして溶かします。
③卵黄にブラウンシュガー50gをすり混ぜ、②に加えます。小麦粉、牛乳も順に加えてそのつど混ぜ合わせます。
④卵白に塩を加え、さらに純ココアパウダー、残りのブラウンシュガー50gを加えて固く泡立ててメレンゲを作ります。
⑤③のチョコレート生地に④をさっくりと混ぜ合わせ、型に流し込んで160℃のオーブンで25〜30分焼きます。ナイフを刺して生地がつかなければ焼き上がり。
※私はブラックチョコレートに、「カオグランデ・ノワール」(カカオ70%のオーガニック・ブラックチョコレート)を使います。
また泡立てるときは電動のハンドミキサーか、バーミックスを使用します。

Forêt noire

Macaron

Religieuse

チョコレートケーキには、生まれたときからチョコレート風味だったものと、伝統的なケーキをのちにチョコレート風味にしたものと大きく二つのタイプがあります。

前者には、「ガトー・オ・ショコラ」を始め、そのバリエーションでアーモンド風味の「ラ・レーヌ・ド・サバ（シバの女王）」、チョコレートとコーヒーを使った「ガトー・オペラ」、またフランスの典型的なクリスマスケーキ「ビュッシュ・ド・ノエル」などがあります。「クリスマス用の薪」という意味のビュッシュ・ド・ノエルは、本来はクリスマス・イヴに暖炉で大薪を焚くというヨーロッパの古い慣習でしたが、時代を経てケーキとなりました。内側にマロンクリームを塗ったロールケーキの外側には、チョコレートクリームを塗って木皮のようにするのが一般的です。さらに外国からフランスに入ってきたものでは、洋酒に漬けたチェリーとクリームに枯れ葉のように削ったチョコレートで全体を覆ったドイツの「フォレ・ノワール（黒い森）」、英国の「ケーク・オ・ショコラ」、アメリカの「ブラウニー」といったものがあります。これらは各国のチョコレートケーキの代表選手たちが、フランスで市民権を得たものといえるでしょう。

後者は、「エクレア（エクレール）」「マカロン」「タルト」「シャルロット」「ミルフィーユ」「ルリジューズ」「パリブレスト」など、もともとあった伝統的なお菓子をチョコレート風味にしたものです。

Bûche de Noël

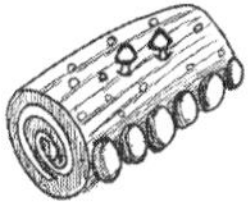

La reine de Saba

Paris-Brest

01-06 Desserts au chocolat

チョコレートデザートは食後のお楽しみに

フランスのおうちデザートの定番といえば、チョコレートと新鮮な卵を使って作る、だれもが大好きなデザート、「ムース・オ・ショコラ」があります。日本のみそ汁のように、各家庭にママの味があって、レシピもいろいろ。「泡」を意味する「ムース」と名づけられているだけに、ふんわりした軽やかさが特徴です。パン屋さんとかケーキ屋さんで見かけないのは、職人が作るほどのデザートではないと見られているからでしょうか。でもフランスのブラッスリーには、欠かせないデザートです。スーパーにも、一人用の小さな容器に入ったムース・オ・ショコラが四個ぐらいのセットで売られています。

十九世紀に生きたフランス人画家トゥルーズ＝ロートレックが晩年に出した料理本を読むと、当時はバターをたくさん使って作られていたようです。二十一世紀に生きる私たちは、カカオ七〇％のチョコレートを使って、ヘルシーなムース・オ・ショコラを作ってみましょう。

濃厚なとろみがたまらない
ムース・オ・ショコラ
Mousse au chocolat

●材料（直径16ｃｍ×深さ6ｃｍのボウル1個分）
カカオ70%のブラックチョコレート　100g
生クリーム　30ml
卵白　3個分
卵黄　1個分
ブラウンシュガー　小さじ2

●作り方
①チョコレートを刻み、湯煎にして溶かします。
②生クリームを沸騰するまで温めて①に少しずつ注ぎ、なめらかになるまで混ぜ合わせます。
③②が冷めたら軽く混ぜた卵黄を少しずつ加え、よく混ぜ合わせます。
④卵白にブラウンシュガーを加え、電動のハンドミキサーで固く泡立てます。
⑤④の半量を③に加えて混ぜ合わせ、なめらかになったら残りを混ぜ合わせ、冷蔵庫で冷やし固めます。
※私はブラックチョコレートに、「カオグランデ・ノワール」（カカオ70%のオーガニック・ブラックチョコレート）を使います。
また、刻んだチョコレートと生クリームを耐熱ボウルに入れて電子レンジ（600Wで45秒）で加熱してもいいでしょう。

レストランのデザートの魅力は、その場で食べることを前提に作られていることにあると思います。持ち帰る必要はないので、焼きたてのケーキに、冷たいアイスクリームをのせるなど、温度差のあるものや食感の違うものを皿に盛ることもできます。そのため、作る側にも、食べる側にも、一期一会の心地好い緊張感が生まれます。食べる空間芸術と呼んでもいいかもしれませんね。

チョコレートを使ったレストランの代表的なデザートとしては、「プロフィトロール・オ・ショコラ」「スフレ・オ・ショコラ」、そして、中から溶け出す熱々のショコラと冷たいアイスクリームが同時に楽しめる「モワリュ・オ・ショコラ」あるいは「フォンダン・オ・ショコラ」と呼ばれるものがあります。

ブラッスリーの定番デザートとして愛されている「プロフィトロール・オ・

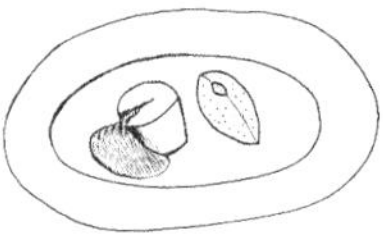
Fondant au chocolat

ショコラ」は、ヴァニラ風味のアイスクリームを詰めたシューアイスの上に濃厚な熱々のショコラ・ソースをたっぷりとかけて食べるもの。なんだか重そうなデザートに感じるかもしれませんが、食後でも意外にペロリといけます。

「スフレ・オ・ショコラ」は、チョコレートのスフレです。しぼみやすいので、アイスクリームやシャーベットは別の容器に盛られることが多いようです。また「フォンダン・オ・ショコラ」や「モワリュ・オ・ショコラ」は、マフィンのような形をした焼きたてのショコラにスプーンを突き刺すと、中からトロリとしたショコラ・ソースが流れ出てくるもので、アイスクリームを添えて出されることが多く、どれもチョコレートが熱でとろける性質を生かしたものです。

01-07 Glace au chocolat
はかないおいしさが魅力の、冷たいチョコレート

濃厚なアイスクリーム、爽やかなシャーベット、みぞれのようなグラニテ。冷たくして食べるチョコレートは、どれも個性派ぞろい。口の中でとろけるときの感触もずいぶん違います。どれを選ぶにしても、厳選された上質のカカオ豆をたっぷり使った本格的なものがいいですね。あなたはどのタイプが好みですか。私はグラニテ。水分をベースにしているため、雪が舞い降りるように舌の上で消えてしまう、そのはかなさに惹かれます。

チョコレートのシャーベットは、十六世紀ころから食べられていたそうです。電気も冷蔵庫もない時代のことです。信じられますか。さぞかし稀少価値の高いものだったことでしょう。

01-08 Chocolat et cetera
ティータイムに欠かせないチョコレート エトセトラ

ティータイムに温かい飲みものと一緒に出されるチョコレートには、焼き菓子やボンボン・ショコラがあります。焼き菓子なら、マカロン、マドレーヌ、フィナンシェ、サブレ…、フランスの伝統的なお菓子をチョコレート風味にしたものです。

02 健康と美容

Chocolat

ここ数年、医学的な研究がかなり進んだことで、チョコレートに関するさまざまな効用が明らかになってきました。長い間、たんなる「お菓子」だと思われていたチョコレートに、これほどの効能が秘められていたなんて、いったいだれが想像できたというのでしょう？

でも時をさかのぼれば、カカオの故郷メソアメリカ（古代中米）には、数千年も前からカカオやチョコレートを、薬のように使っていた人々がいました。例えば、喉の痛みには、ユーカリとシナモンとチョコレートを煎じた薬。難産には、レモンバーベナの枝を煎じた湯にチョコレートを溶かして地酒を加えた薬など、さまざまな処方箋がありました。古代マヤ人やアステカ人は、このようにカカオはもちろんのこと、身の回りの薬草について熟知していて、症状によって薬草やチョコレートを調合していたのです。

ヨーロッパに入ってきてからもチョコレートは、薬剤師が取り扱うことが多かったようです。パリで「ドボーヴ・エ・ガレ」を始めたのも薬剤師でした。創業一八〇〇年、今もパリに残る最古のショコラティエです。創業者は、ルイ十六世とシャルル十世の公認薬剤師だったドボーヴと、やはり薬剤師で甥のガレ。美しい店内にはかつて薬局だったころの面影が残っています。ブリア＝サヴァランの著書『美味礼讃』には、ドボーヴの処方箋が紹介されていておもしろいですよ。太れない人のためには、ラン科植物の球根を乾燥させたサレップの粉末を、神経過敏な人にはオレンジの花を、怒りっぽい人にはアーモンドミルクを、それぞれチョコレートに調合していたそうです。サレップ以外は今でもおいしく食べることができそうですね。特にリラックス効果で知られたオレンジの花は、私もハーブティーにして飲むことがありますが、フランスではスウィーツの香りづけなどにも使われる日常的なハーブです。カカオやチョコレートもまた、古代からハーブや薬として生活の中に息づいていたのです。

この章では現代医学で実証されたその驚異の効用についてお話ししましょう。

02-01
病を寄せつけない魔法の食べもの

太古から、チョコレートがからだにいいと信じられていたことは、前のページにもご紹介した通りです。二十年ほど前から、ようやく少しずつ、それを現代の医学でも立証していこうという動きが始まりました。やった！

それまでチョコレートの評判といったら、太る、ニキビができる、むし歯になる、習慣性がある、コレステロール値が上がる、鼻血が出る…などなど、惨たんたるもの。かわいそうなチョコレートは、濡れ衣を着せられたまま、実証が少ないために反論できないでいたのです。

そんな中で、救世主のような本が現れました。一九九〇年にフランスで出版された『チョコレートの医学的効用』です。チョコレートを医学的に検証した画期的な本でした。著者のエルヴェ・ロベール博士にお会いしてみると、パリ第十三大学の医学部で栄養学を教えているチョコレート好きの医学博士でした。チョコレートについて医学・栄養学的な観点から話してほしいと講演を依頼されたことがきっかけで研究を始めたといいます。その内容は、当時、まだ一般には知られていないものがほとんどでしたから、私だけでなく、多くの専門家たちが、チョコレートのさまざまな効用を知って驚いたのです。

東京では一九九五年に第一回「チョコレート・ココア国際栄養シンポジウム」が始まって、現在も続いています。十年以上の間、発表を続けてきた多くの研究者の研究の成果からも、チョコレートが医学的に見てからだにいいことは明らかです。研究者の中には、企業などから依頼されて半信半疑で研究を始めたが、予想以上の結果だったという声も少なくありません。

どんな効能が期待できるのでしょうか。ここでざっと簡単に挙げてみましょう。風邪、心筋梗塞、動脈硬化、胃炎、胃潰瘍、ストレス、がん、アレルギー、リウマチ、老化、認知症、むし歯などの予防。食物繊維やビタミンやミネラルが豊富。便秘知らず。他にもまだまだいっぱいありますよ。やっぱりチョコレートは、さまざまな病を防ぐ魔法の食べものだったのですね。

では、チョコレートの効用や活用方法について、具体的にご紹介していきましょう。

02-02 効き目を最大限に生かすためのチョコレート選び

健康と美容のためには、いったいどんなチョコレートを選んだらいいのでしょう。チョコレートの栄養価は、それぞれ微妙に違っていて、すべて同じではありません。つまりブラックチョコレートといっても、すべてのブラックチョコレートが同じ成分とは限らないということです。チョコレートの栄養価は、カカオの含有量、産地、収穫年、品種、製造法などによって変わるからです。

もちろん、カロリーの摂取量を抑えるためにも、カカオがたっぷりと含まれる高カカオチョコレートを選ぶのが望ましいですね。でも、例えば焙煎の段階でカカオ豆をうっかり焦がしてしまったら、味に不快な苦みが残るだけでなく栄養価も下がってしまうことになります。チョコレート愛好家が、カカオの含有率よりも、カカオ豆の質をより大切にするのは、そのためです。

あくまでも目安としてですが、チョコレートの効用を最大限に利用するためには、良質なカカオが七〇%くらいは含まれているものを選びましょう。

02-03
チョコレートやココアの効能

成分	効能
○豊富な食物繊維 （主にリグニン）	●便秘の予防と解消効果があり、大腸がんを予防する。 ●リグニンには、コレステロール値を下げる効果がある。動脈硬化を予防する。 ●整腸作用があり、体臭の原因を取り除く作用がある。 ●糖質の吸収を抑え、血糖値の上昇をコントロールするため肥満を予防し、糖尿病を改善する。
○カカオマス ポリフェノール	□抗酸化作用： ●悪玉コレステロール（ＬＤＬ＝低密度リポタンパク）の酸化を防ぎ、血液の老化現象である動脈硬化を予防する。 ●動脈硬化が原因となる心筋梗塞や脳梗塞も予防する。 ●がん、糖尿病による合併症、胃潰瘍を予防する。 ●生活習慣病、老化、認知症を予防する。更年期障害の症状を軽減する。 ●胃炎、胃潰瘍、十二指腸潰瘍、胃がん、むし歯を予防する。 ●紫外線によるダメージを減らし、皮膚の血行を良くするなど、美肌効果がある。 ●傷ついた皮膚を治癒する作用がある。 □抗菌作用： ●腸管出血性大腸菌O-157や、ピロリ菌等に対する抑制作用がある。

その他、テオブロミン、フェニルエチルアミン、セロトニン、ギャバ、アナンダミド、豊富なビタミンとミネラルが含まれ、さまざまな効能が実証されています。

※ここにご紹介した効能は、日本チョコレート・ココア協会主催「チョコレート・ココア国際栄養シンポジウム」で発表されたものの一部をまとめたものです。

02-04
カカオバターは低カロリー食品

チョコレートには、どうして太るというイメージがあるのでしょう。チョコレートには規格が守られていれば、ブラックで一八％以上、またクベルチュールと呼ばれるチョコレートには、ブラックで三一％以上のカカオバターが含まれます。油脂と聞いただけで、体重計やコレステロール値が頭に浮かんでしまうという人にとっては、確かに少し心配になってしまう数値かも。

でも、ご心配なく。カカオバターは、医学研究によって、従来の常識では考えられないような、かなり特異なキャラクターを持った油脂だということがわかりました。つまりコレステロール値を上げることもなければ、太る原因にもならないというのです。カカオバターには、オレイン酸、ステアリン酸、パルチミン酸という主に三種類の脂肪酸が含まれています。うしろの二つは一般的にからだに良くないとされる飽和脂肪酸なのですが、カカオバターの飽和脂肪酸に関しては、からだに悪い影響を与えないことがわかっています。利点はそれだけではありません。からだにいいことで知られた不飽和脂肪酸は、酸化しやすいのが欠点。ところがカカオバターは、不飽和脂肪酸を含んでいるにもかかわらず、酸化しにくい。だから他の植物性油脂と違って保存もきくのです。

ところで、フランス、ベルギー、イタリア、スペインといった国々が、チョコレートに代用油脂を添加することに否定的なことは、すでにお話ししましたよね。どうして純カカオバターのみを使うことに、それほどまでこだわらなければならないのか。その理由がここにあります。代用油脂を添加して、人為的にカカオバターの成分バランスを変えることに、おいしさはもちろんのこと、健康面からも疑問視する専門家が、ヨーロッパ、特にフランスに多いのです。代用油脂を使った安価なチョコレートを、利益のために大量生産することに批判的なのはそのためです。国を超えて健康志向が強くなっているだけに、私たちも無関心ではいられませんよね。

さらにカカオバターが驚きなのは、吸収されにくい脂肪なので、食べてもあまり食べたことにはならない。つまり、こんにゃくとか寒天と同じってことですよ。神様の食べものは、ずいぶんと低カロリー食品だったのですね。

02-05
カカオマスポリフェノールで錆びない人になる

ポリフェノールの効用については、きっと知っている方も多いことでしょう。抗酸化作用や免疫調整作用があることは、一般的によく言われていますから。それが広まるきっかけとなったのは、「フレンチ・パラドックス」と呼ばれる、ある論文が発表されたことでした。フランス人は快楽的な健啖家が多く、多量の脂肪を摂取しているにもかかわらず、心筋梗塞で亡くなる人がきわめて少ない。なぜ？　それは赤ワインに含まれるポリフェノールの抗酸化作用によるものだったのです。この発表で、日本でも赤ワインがブームになりましたね。

ところで抗酸化作用は、活性酸素からの攻撃を防ぐ働き。りんごをむいたら塩水につけるのも、酸素による変色を防ぐためですね。あれと同じです。人間のからだも酸化することで、老化や万病を引き起こしてしまいます。からだが錆びつかないように、抗酸化作用のある食品を積極的に食べましょう。

ポリフェノールは、赤ワインだけでなく、チョコレート、ココアパウダー、野菜、果物、そして緑茶にも含まれます。中でもチョコレートやココアパウダーに含まれるカカオマスポリフェノールには、より強い抗酸化作用や免疫調整作用があるといわれています。ちなみにフランス国立農学研究所のスカルベルト氏の調べによれば、一〇〇グラムのブラックチョコレートには八四〇ミリグラム、一〇〇グラムの純ココアパウダーには二〇〇〇ミリグラムのカカオマスポリフェノールがそれぞれ含まれているそうです。

お茶の水大学生活環境センターの近藤和雄教授が発表した研究によれば、カカオマスポリフェノールには、悪玉コレステロール（ＬＤＬ）の酸化を抑制して、動脈硬化を予防する働きがあるというのです。そもそも動脈硬化は、悪玉コレステロールの仕業というよりも、それが酸化することによって引き起こされるものだからです。

またカカオマスポリフェノールは、胃潰瘍に効くことも、名古屋大学農学部の大澤俊彦教授の研究でわかっています。

心強いカカオマスポリフェノールの抗酸化作用を有効に使って、あなたもいつまでも錆びない人を目指してみてください。

02-06

カカオに秘められた威力1

●ビタミン、ミネラル

野生の動物は体内にミネラルが不足してくると、本能的にそれが含まれる植物などを食べて補おうとします。そして、人間にもそうした能力が備わっていることが、科学的に証明されているのです。

チョコレートには、ビタミン、カルシウム、マグネシウム、亜鉛、銅、鉄といった人間に不可欠な成分がたくさん含まれています。チョコレートを定期的に食べたくなる人には、チョコレートに多く含まれるミネラルが不足していることがあるといいます。

猫が時折、草を食べるように、私たちも、あるものを無性に食べたくなることってありませんか。それはきっと、摂り入れなくてはならないのに、自分に欠乏しているミネラルを、本能的に求めているのかもしれませんね。

●抗がん作用、免疫調整作用

聖マリアンナ医科大学の鈴木昇助教授の研究によれば、カカオマスポリフェノールにはリンパ球の最前線で戦う免疫細胞「ナチュラルキラー」の活性を高めたり、がん細胞の自爆死「アポトーシス」を誘導して、がん細胞が増えるのを強く抑制したりする働きがあるといわれています。免疫細胞の活性を高めるということは、がんだけでなく、アレルギー、リウマチなど、その他の病気に対する免疫機能も上がるということですね。

●カカオの抗菌作用

杏林大学医学部の神谷茂教授は、腸管内に棲むさまざまな種類の病原菌に対するチョコレートの抗菌性について研究したところ、カカオマスポリフェノールだけでなく、カカオマス（二三ページ参照）や、カカオバターに含まれるオレイン酸を始めとする不飽和脂肪酸にも抗菌作用が確認できたと言います。カカオマスポリフェノールと同じように、ピロリ菌（ヘリコバクター・ピロリ）や、O－157（腸管出血性大腸菌）のような下痢原性細菌に対して強い抑制作用があることがわかったのです。ピロリ菌は、胃炎、胃潰瘍、十二指腸潰瘍、胃がんの発病に関連しているといわれています。

02-07
カカオに秘められた威力2

●むし歯の予防

むし歯はミュータンス連鎖菌によって起こる感染症です。カカオ豆、特にカカオの外皮には、ミュータンス連鎖菌を始めとした口腔内の雑菌に対する抑制作用のあることが確認されています。

●便秘・大腸がん・生活習慣病の予防

カカオに含まれる食物繊維リグニンは、コレステロール値を下げる効果があります。水分を吸収して膨張しやすいため、便はやわらかくなりカサも増すため、便秘の予防になります。大腸がんも予防。糖質の吸収を抑え、血糖値の上昇をコントロールするため糖尿病などにも効果を発揮します。

●冷え性やむくみの解消、美肌効果

カカオに含まれるテオブロミン（次の欄を参照）は、血管を拡張させ血流量を上げるため、酸素や栄養が末端まで行き渡り、エネルギーの消費量もアップ。

冷え性やむくみの解消につながります。美肌効果も生まれます。

●集中力や記憶力を高める効果、学習能力の向上

チョコレートやココアの香りには、集中力や記憶力を高める効果や、リラックス作用があります。テオブロミンも脳を活性化するため同じ効果があります。テオブロミンにはさらにこんな効果があります。カカオの学名「テオブロマ・カカオ」から、テオブロミンの名前がつきました。カフェインに近い成分ですが、興奮作用はずっと穏やかです。フランスの作家や学者は仕事中によく、高カカオチョコレートを食べるそうですが、高カカオチョコレートであるほどテオブロミンの含有量も多くなるため、シャキッと引き締まった気分になれます。薬ではないので作用はゆるやかですが、抗うつ効果の高い食品といってもいいかもしれません。テオブロミンは、幸福感をもたらす神経伝達物質のセロトニンの分泌も促してくれるため、幸せな気分になります。咳止めに効果があるという研究発表もあります。

こうしたチョコレートが持つ医学的効用は、こまめに摂取することで、より効果を発揮すると言われています。

02-08
チョコレートは心の薬

●抗ストレス、抗うつ作用

疲れたときや少し気分が落ち込んでいるときにチョコレートを食べると、以下の物質の働きで、なんとなく落ち着いたり気分が良くなったりします。

・カカオマスポリフェノール

不安感やゆううつ感を取り除く効果が期待できます。

・セロトニン

セロトニンは脳内でも作られる重要な神経伝達物質。気分がリラックスして、癒された気持ちになります。また動揺した気持ちを落ち着かせて、不安を和らげてくれます。悲しみや不安や精神的な痛みのあるときにチョコレートを食べたくなるのは、チョコレートに含まれるセロトニンと砂糖が関係しているといわれます。精神的な不安や痛みに対して、抵抗を強める作用をするというのです。逆にセロトニンが不足するとイライラしやすく、いつも満たされない気持ちになってしまうのです。

・フェニルエチルアミン

「脳内麻薬」と呼ばれる化学物質。「愛の分子」とも呼ばれ、恋する気持ちを生み出すだけでなく、幸福感や陶酔感をもたらします。ストレスが加わったときには、鎮痛作用や、抗うつ作用もあり、精神を安定させるために重要な働きをします。脳内にβエンドルフィンを分泌させます。

・アナンダミド

カカオにはアナンダミドと、それによく似た「脳内麻薬」と呼ばれる化学物質が含まれています。アナンダミドは、痛みや心配事を和らげ、褒められたときのような嬉しい気持ちにしてくれます。

血圧を安定させる働きがあるので、高血圧の予防にもなります。

・ギャバ

γ－アミノ酪酸というアミノ酸の一種。通称ギャバは、抗うつ、抗ストレス作用があり、イライラや不安を抑えたり、緊張をゆるめたり、現代人が抱える悩みを改善してくれる神経伝達物質です。

02-09 チョコレートと恋と健康の方程式

チョコレートには愛にまつわる話がつきものです。「チョコレートは媚薬」は真か否か。それはチョコレートがヨーロッパにもたらされてから、延々と繰り返されてきた議論です。でもこれ、まんざら「神話」としてだけで、片付けられなさそうです。「脳内麻薬」と呼ばれる化学物質が関与していることがわかってきたからです。もちろん脳内で麻薬に似た働きをするといっても、量はごくわずかなので、ドラッグのように強い作用はありませんが。

そのひとつは、カカオに含まれる微量のフェニルエチルアミン。恋したときに脳内に分泌されやすいことから、「愛の分子」とも呼ばれ、恋多き人の脳にはよく見られるといいます。恋する気持ちを生み出すだけでなく、幸福感や陶酔感をもたらします。まさに惚れ薬。ということは、好きな人があなたの前でチョコレートを食べた途端に、「愛の分子」の働きで、あなたに恋したくなるということも、夢ではないかもしれません。

もうひとつは、やはりカカオに含まれるアナンダミド。痛みや心配事を忘れ、喜びを感じることができます。

さらに人に満足感を抱かせてくれるβエンドルフィンとドーパミン。チョコレートを食べるときや恋人に会うときなど、人が嬉しさを感じるときに、脳内に分泌されます。ストレスが加わったときも、やはりβエンドルフィンが出動して鎮痛効果を発揮してくれます。

「チョコレートは恋の苦しみを癒してくれる」。フランスでよく言われるこの言葉には、これらの脳内麻薬の働きがあったのですね。革命前のフランスの宮廷では、貴婦人たちは愛人との密会前に、一杯のホットチョコレートを飲んでいたといいます。チョコレートを味わう喜びに、愛人と逢えるという嬉しさが加わって、βエンドルフィンの威力は二倍に。さらにチョコレートに含まれる「愛の分子」の働きで、きっと天を舞うような気持ちになったことでしょう。

さらに良いことに脳内麻薬は、快感をもたらすのと同時に、からだの免疫力を活性化させてがんを防ぐなど、健康の維持にも役立つといわれています。チョコレートと恋のときめきが生む健康の方程式。なんてステキなの！

02-10
チョコレートで美しい肌になる

チョコレートで肌が美しくなるなんて、あなたは信じられますか。今から四年ほど前のことです。カカオエキスを配合した世界初の化粧品がフランスで誕生して、パリでは「ショコテラピー」と呼ばれるチョコレート療法が、ちょっとしたブームになりました。アンチ・エイジング（抗加齢）にも効果があるといいます。ショコテラピーは、カカオやチョコレートの効用を取り入れて美しく健康でいようというもので、アロマテラピー、フィトテラピー、そしてタラソテラピーと同じ、フランス生まれの療法です。

私も発売されたばかりの化粧品をあれこれ買って、自分でも試してみました。カカオから抽出したエキスを使ったものに限っていえば、製品からはカカオを肌で感じることはありませんでした。当然ですよね。エキスなのですから。

元祖カカオエキス入り化粧品を開発した、パリのパイヨ社の研究室に問い合わせたところ、カカオのエキスを配合することで、うるおい、保護、抗酸化、活性化、引き締め、肌の再生、抗ストレスなどの効果が期待できるといいます。というのもカカオには、豊富なビタミンやミネラル、そして抗ストレス作用で知られたフェニルエチルアミンなどが含まれているからです。

そもそもカカオを使うという発想は、植物の有効成分を化粧品に応用するという考えから生まれたようです。フランスの薬局で扱われている化粧品は、人気ランキングのトップテンが植物由来のもの。「古来、人は健康や美容や若さを保つために、自然の植物から恩恵を受けられることがわかっていました」という説明にも説得力があります。パイヨ社の研究員によれば、カカオバターには皮膚をやわらかくしたり、しっとりとさせたり、再生したりする効果があるので、肌や唇を保護するのに適しているといいます。事実、カカオバターはかなり前から化粧品や医薬品に利用されてきたのです。

確かに現代のような使い方は、遥か大昔から存在していました。古代マヤ人は、カカオバターを使ってひび割れやあかぎれややけどを治療し、口に塗ることで乾燥を防ぎ、またからだに塗ることで、日焼け止めクリームのように灼熱の太陽から肌を保護していたのですから。

●チョコレートを使ったエステ

肌に関するカカオのアンチ・エイジング効果については、日本でも二〇〇六年九月に催された第十一回チョコレート・ココア国際栄養シンポジウムで、大変興味深い研究発表がありました。東北大学大学院農学研究科の宮澤陽夫教授が、カカオが皮膚細胞に与える影響を研究したところ、カカオの成分に皮膚細胞増殖促進作用のあることが、遺伝子レベルで確認されたというものです。うるおいを保つ働きをする表皮角化細胞と、弾力を保つ働きをする真皮繊維芽細胞のどちらの細胞も増殖したことにより、老化による皮膚のシワやシミ、たるみなどを改善するカカオの効果が期待されるというのです。宮澤教授によれば「この作用は食べるより、皮膚細胞増殖促進作用のあるカカオの成分を、直接肌に塗るほうが効果は大きいと思いますよ」ということでした。

それでは、肌に直接チョコレートを塗ってもらいましょう。パリのエステサロンで試してみました。パックとマッサージをしたあとに、オレンジのエッセンシャルオイルを数滴たらした溶かしチョコレートを、顔と手にパックのように塗るのです。カカオのエキスを使ったものとは違い、グロテスクな印象がありましたが、意外にも結果は上々、お肌もしっとりなめらか。でも、その日はからだからチョコの香りが消えず、まるでチョコレートになったような気分でした。ご存知でしたか。エクアドルのカカオ農園では、美しく健康でいるために、時々溶かしたチョコレートでいっぱいにした浴槽につかりながら、頭の先からつま先まで全身にチョコレートをすり込んで、身を清める習慣があることを。これこそ究極のショコテラピーかもしれませんね。

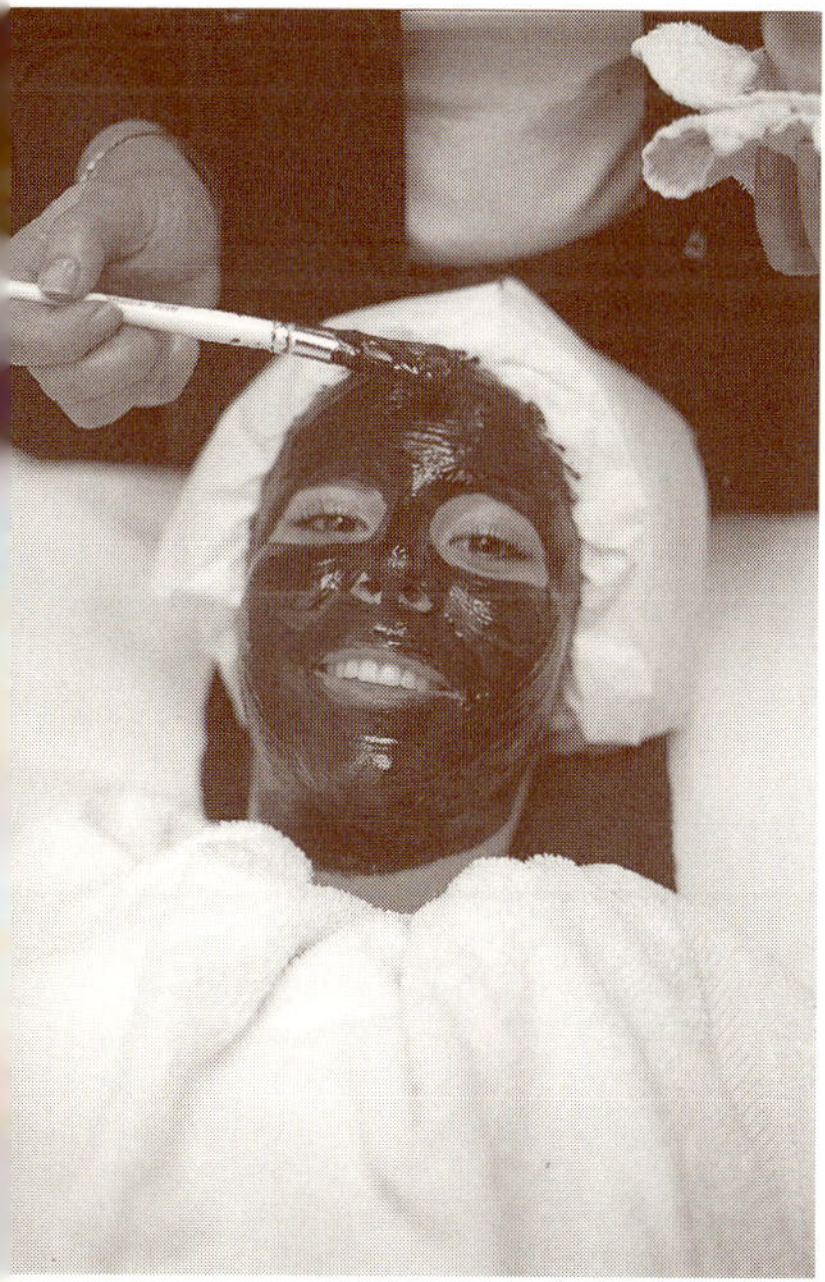

●カカオを使ったエステのフルコール

パリの宿泊先のホテルのスパでショコテラピーを体験してみました。スクラブ、ボディーラップ、マッサージという三本柱からなる約二時間半のフルコースです。砕いたカカオ豆を使った三十分間の全身スクラブのあとは、シャワーでさっぱり洗い流して、三十分間のボディーラップへ。カカオエキス、カカオバター、はちみつ、ビタミンEなどを配合したムースをたっぷりと全身に塗ってから、しっかりと包まれると繭の中の蚕の気分です。どれもカカオや、そのエキスが使われているため、チョコレート特有の香りはありませんが、ほのかに甘いにおいが漂います。しばらくするとからだに塗られたムースがじんわりと熱を持ち、からだの芯まで温かくなって汗が噴出。汗だくの状態で包まれたまま、最後にひんやりしたフェイシャルマッサージを受けると生き返った気分です。再度シャワーで洗い流すころには、全身に心地好い疲労感が広がります。リラックスルームで水分を補給しながら少し休息したあとは、カカオとアーモンドをブレンドしたアロマオイルを使って、五十分間の全身マッサージをしてフィニッシュとなります。からだの芯からほぐれて、肌もしっとり。熟睡。

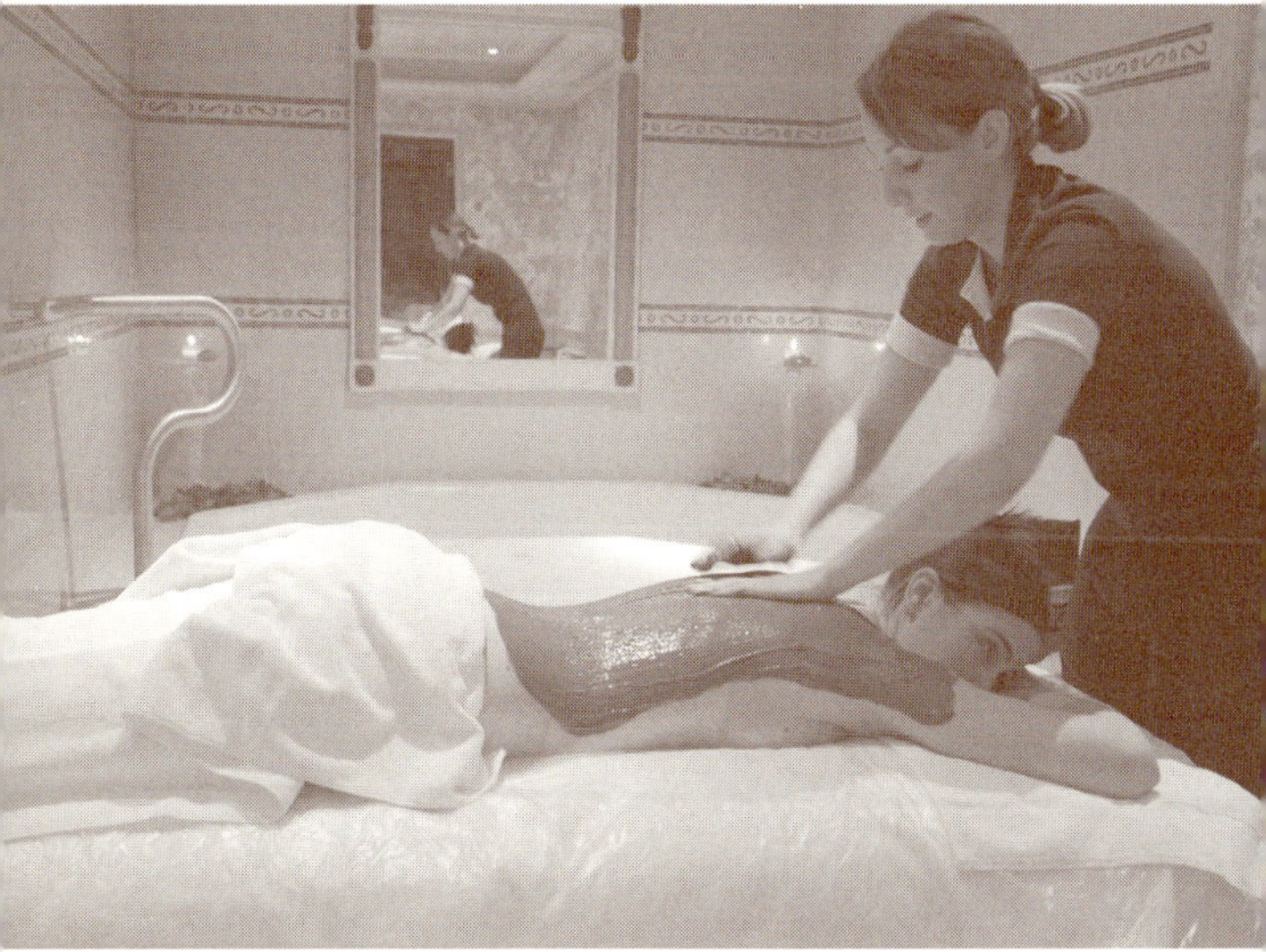

パリの「ホテル・フォーシーズンズ・ジョルジュ・サンク・パリ」内のスパは、室内プールやジムを併設したデラックスなもの。ミニジャグジー付きの広々としたエステルーム（写真上）もあります。人気のメニューにはカカオを使ったエステがあり、フルコースから単品まで選ぶことが可能です。他にはテキーラを使った変わりエステも。テキーラとはアルコール度50%前後というメキシコ特産の蒸留酒。想像しただけで、酔ってしまいそうです

03 チョコレートのダイエット効果

Chocolat

チョコレートは太るのを防ぐ効果があるかもしれない。私がそう思うようになったきっかけは、ショコラティエに肥満体型の人があまりいないということでした。あなたも気づいていましたか。欧米のパティシエには、ふっくらした体型をしている人が結構いますよね。ところがショコラティエは少し違います。

そもそも大好きなチョコレートをいつも食べたいだけ食べるために、チョコレートを生業にしたという人が多いだけあって、仕事中のつまみ食いだって半端じゃないというのに。一人や二人だけではないので、たまたまそういった体質の人が、ショコラティエになったとも考えられません。

「ラ・メゾン・デュ・ショコラ」の創業者で、ショコラティエのロベール・ランクスに訊いてみたところ、品質を確かめるためにやはり朝から晩までチョコレートを食べていました。ではなぜ、細身の体型を保ち続けていられるのでしょう。いろいろ話してみると、それには理由がありました。チョコレートを食べているおかげで、あまり空腹感がなく、食べすぎることがないというのです。

実はごく最近、医学研究でも、チョコレートには空腹感や過食を抑えるだけでなく、脂肪を減らす作用があることが明らかになりました。食べるだけでダイエットになるなんて、チョコレート好きには朗報ではありませんか。

パイナップルダイエット、お酢ダイエット、寒天ダイエット、こんにゃくダイエット…。何をやってもうまくいかないけれど、カカオがたっぷり入ったチョコレートは大好き、という人がいたら、チョコレートダイエットを試す価値は大いにありです。ただし、脂肪こってりの高カロリーの食事を続けながら、チョコレートを食べたとしたら、やっぱり効果は期待できないですよね。どんなダイエットでも栄養のバランスは大切です。なによりも、チョコレートは決してダイエット食品ではないということを忘れないでくださいね。

でも、チョコレートがあなたのダイエットを成功に導いてくれる心強いパートナーだということは間違いありませんよ。

03-01
チョコレートは太らない？

ここまできたら、チョコレートを食べると太りそう、なんてもう思わないでしょう。カカオ豆の約半分を占めるのは脂質分のカカオバター。そう聞いたとしても、カカオバターがとても優れた脂質だということは、もうお話ししましたよね。嬉しいことに、カカオバターは食べてもほとんどが吸収されないまま体外に排出されてしまうのですから。

それでもチョコレートを食べて太ってしまったとしたら、ひとつにはチョコレートの選び方に間違いがあったのではないでしょうか。チョコレートは成分によってカロリーが違ってきます。

AとBというそれぞれ一〇〇グラムの板チョコが二枚あるとしましょう。Aはカカオ七〇％と砂糖三〇％でできていて、もう一枚のBはカカオ四〇％と六〇％の砂糖からできていたとすると、BにはAの二倍の砂糖が入っていることになります。つまり同じグラム数のブラックチョコレートでも、カロリーは同じにはならないということです。Bのチョコレートは当然ダイエットには向かないですよね。それでもあえてBを食べていたとしたら、チョコレートはダイエットに良くないと結論づけたくなってしまっても無理はありません。それとミルクチョコレートは、一般的にカカオの含有率が低く、糖分の高いものが多いので、ダイエットには避けたほうが無難です。

もうひとつはチョコレートの摂取量に問題があったのかもしれません。毎日数枚の板チョコを食べないと落ち着かない、という人は、食べた以上のエネルギーを消費しているのでしょうか。消費するよりも、摂取するエネルギーのほうが多くなってしまえば、だれでも太ってしまうからです。

どちらにしても度を超して食べものを摂取することがからだに良くないのは、チョコレートに限ったことではありません。前にご紹介した栄養学のエキスパート、エルヴェ・ロベール博士によれば、カカオ分七〇%くらいのブラックチョコレートを一日に一〇〇グラム程度までなら、食べる分量として問題はないと言います。適量であれば、人間に欠かせないビタミンやミネラルなどが多く含まれるチョコレートは、利点のほうが大きいのですから。

03-02 チョコレートダイエットで便秘知らず

ダイエットに便秘は大敵とよくいわれますよね。えっ、あなたも便秘で悩んでいるのですか。それは大変。便秘はダイエットだけでなく、肌荒れの原因にもなるので、美容にも良くないのです。でも、チョコレートがあればもう大丈夫。カカオ豆には食物繊維が豊富に含まれているのですよ。

日本食品分析センターの調べによると、南米エクアドル産のカカオマス一〇〇グラムのうち、食物繊維は一六・七グラム。カカオ豆に主に含まれるのは、ポリフェノールの一種でもあるリグニンという食物繊維です。他の食物繊維と同じように、腸内の便を押し出したり、糖質の吸収を抑えたり、カロリーの摂りすぎを防いだりします。でも、それだけではありません。腸内の善玉菌を増やして腸内環境を整えるほか、水分を吸収して便のカサを増やし、便通を良くしてくれます。便秘が慢性化してしまうと、大腸の病気になるリスクも高まるといいます。便秘を解消することは、ダイエットや美容効果だけでなく、病気の予防にもつながるのですから、一石三鳥ですね。

ところで私は、毎朝カカオ七〇%以上のチョコレートで作ったホットチョコレートを飲んでいます。最近は実験も兼ねて、あえていろいろなメーカーのチョコレートを使っているのです。おもしろいことに、同じカカオ含有率のチョコレートでも、成分が異なるために味わいはまったく違います。

ホットチョコレートが飲めないときは、チョコレートか「カカオニブ」という焙煎して粗挽きにしたカカオ豆を食べます。カカオニブはカカオ豆をチョコレートにするためにすりつぶす前段階のもので、チョコレートとはまた別の味わいが魅力です。香ばしさとカリッとした軽やかな食感があって、ときどき食べたくなってしまう。カカオニブが入ったチョコレートもおいしいですね。

こうして毎朝なんらかの形でカカオ豆を食べているおかげで、私は便秘をしたことがほとんどないのです。チョコレートを摂取することで、腸内環境が整えられてお通じも快調。頭がシャキッとするのを実感しています。便秘に悩んでいる人や、まだすっきりと気持ちが良いトイレタイムを味わったことがないという人は、一度、チョコレートを試してみてはいかがでしょう。

03-03
チョコレートダイエットは栄養バランスを考えた食生活から

日本のあるテレビ番組で、チョコレートがダイエットに効果的な理由として、食べすぎを抑え、空腹を抑え、基礎代謝を上げるというカカオマスポリフェノールの三つの働きを紹介していました。カカオマスポリフェノールを始め、カカオに含まれる成分が、脂肪を減らす助けをすることは、さまざまな医学研究でわかってきています。そこで、チョコレート・ココア国際栄養シンポジウムの副実行委員長で、茨城キリスト教大学の板倉弘重教授に、チョコレートダイエットについて訊いてみました。さまざまな効用について認めたうえで、「しかしながら、ダイエット食品ではありませんから、食事を減らしてまで、ココアやチョコレートだけでダイエットをしようと考えてはいけないと思います。栄養のバランスを考えた食事をすることが大切ですよ」と、カカオの効用を過信して、食事をないがしろにしないように警告しています。

百八十年ほど前に、すでにチョコレートがダイエットに効果があると書き残したブリア＝サヴァランも、やはりダイエットには食事が重要だと考えていました。著書の中で「肥満の予防と治療」と題して、こんなアドバイスをしていますよ。「朝食には黒パン。そしてコーヒーよりチョコレートを飲んだほうがいい。野菜、グリルした肉は食べてもいいが、白パンや麺類など、炭水化物を一切摂らないこと。デザートは小麦粉を使用したものを避けて、クレーム・オ・ショコラ（チョコレートのカスタード）…などを食べること」。

これ、現代でも通用しそうですね。チョコレートを使うかどうかは別として、これに近いダイエットをしている人って、まわりにいませんか。

ところで、カカオそのものに脂肪を減少させる作用はあるのでしょうか。答えはイエスです。東京農業大学総合研究所の荒井綜一教授の研究によって、ココアに肥満を防ぐ効果のあることが、遺伝子レベルの研究で初めてわかったのです。ココアを添加したエサを食べたマウスのほうが、通常食のマウスより、体重増加率、内臓脂肪増加率、血中の中性脂肪濃度が減少していました。そのメカニズムを明らかにしたのです。この研究によって、ココアやチョコレートは肥満を防ぐ機能食品としての可能性も考えられるようになったのです。

03-04 チョコレートダイエットが成功しやすいのはなぜ？

私たちが油脂を多く含む高カロリーの食べものに惹かれてしまうのは、食べたあとに、快楽物質のβエンドルフィンが分泌されて、快感を得られるからだそうです。食べることをやめられない原因は、快感だったのですね。

チョコレートもカカオバターを含んだ高脂肪の食品です。そのせいでしょうか。チョコレートを食べると、βエンドルフィンが快感を与えてくれて幸せいっぱい。ダイエットしていると、物足りなさが残って、いつもおなかがすいた状態になりがちなのに、満足感を保つことができます。それでいてカカオバターが他の高脂肪の食べものと違うのは、からだにほとんど吸収されないということ。前にもお話ししましたよね。

ダイエット中であっても、もしβエンドルフィンのような働きをする物質が脳にとどまってくれたとしたら、楽しく、スムーズに、ダイエットができることでしょう。食べたいものを我慢しすぎて、リバウンドしてしまったという話はよくあること。ストレスを感じると、心のバランスは崩れやすいのです。

チョコレートがダイエットに適しているのは、そこなのです。ダイエットを成功に導くための精神的なサポート役ができるさまざまな天然の化学物質が、チョコレートのまわりに集結してくれるからです。つまり脳内にあなたのダイエットを助ける特別チームが編成されるようなもの。心強いではありませんか。

それだけではありません。犬や猫だったら、与えられた分だけエサを食べてしまうでしょう。でも私たち人間には、自分で意識をコントロールできるという強みがありますよね。来月のパーティーでワンサイズ小さな服を着るとか、前向きな目標を掲げることで、食欲も抑制できます。ただ、なんでもそうですが楽しくなければ続きません。だから、「〜しなくてはならない」ではなく、「〜したい」と考えるようにして、心の負担を軽くしてみましょう。「もう食べてはいけない」ではなくて、「今は少しだけ食べたい」というふうに。

あとはチョコレートが助けてくれます。ダイエットに必要なビタミンやミネラル、必須アミノ酸などがたっぷり含まれていて、脂肪を減らす作用もあるのですから。こんな働きをしてくれる食べものって、他にあるでしょうか。

チョコレートを食べることで、どんな化学物質が、脳内で私たちのダイエットの手助けをしてくれるのでしょう。

まず、おいしいものを食べたときに分泌される快楽物質ドーパミンが登場します。「これから○○キロ痩せよう！」などと考えて、心が重くなっていたとしても、ドーパミンのおかげで、嬉しい気分になれるのです。その心の弾みが度を超さないように、カカオに含まれる神経伝達物質のギャバ（γ‐アミノ酪酸）が、神経の高ぶりをほどほどに鎮めてくれます。適量を食べて満足しているのだから、ストレスはありませんよね。

ドーパミンの減少後には、「脳内麻薬」と呼ばれるβエンドルフィンが分泌されることで、再び心がウキウキして、おいしさの余韻に浸れるわけです。

ダイエットによるストレスや不安を取り除いてくれるのは、セロトニンやフェニルエチルアミンなどです。セロトニンは幸せな気持ちにしてくれる脳内の神経伝達物質で、不安や嫌な気持ちを鎮めて、神経をリラックスさせてくれるほか、食欲を抑える働きもしてくれます。フェニルエチルアミンは、前にもご紹介したように、抗うつ作用があるので、心が沈み込むのを防いでくれます。

　また、カカオに含まれるテオブロミンは、血管を拡張させ血流量を上げるため、酸素や栄養素が行き渡って体温が上昇して、エネルギーの消費量も上がり、ダイエットを助けます。おだやかな興奮作用と鎮静効果を併せ持っているので、他の物質と同じようにリラックス効果もあります。またセロトニンの働きを活発にさせる作用もします。カカオに含まれる必須アミノ酸トリプトファンも、脳内のセロトニンを増加させてくれます。脳内にセロトニンが不足すると、イライラしやすくなり、基礎代謝量も下がって脂肪太りになりやすくなるので、ダイエットには危険。そんな状態に陥らないように調節しているのです。

　実際にはもっと多くの物質が複雑にからんでいますが、互いに抑制し合ったり、刺激し合ったりして、心地好い脳内環境を整えてくれているのです。ひとつでも暴走し始めたら、私たちの脳は大変なことになってしまいます。

　健康な精神状態であれば、脳内にドーパミンが分泌されすぎて異状をきたすこともありません。チョコレートを食べることで、宙を舞うほど夢心地になっていても、とりあえずは正常でいられるというわけです。

　ダイエットをするには、本当に頼もしいサポーターたちですよね。

03-05
チョコレートdeダイエットしてみよう！

チョコレートダイエットはとても簡単。食前にカカオ七〇%以上の良質なブラックチョコレートを一〇～二〇グラムほど食べるだけ。カカオに含まれる食物繊維は消化されません。カカオバターも体内にほとんど吸収されないので、これらが胃にとどまっている間は、空腹感があまりないですね。それにカカオには食欲や空腹感を抑える作用もあります。ただし、すべての人に合うとは限らないので、無理のない程度に試してくださいね。あとは板倉教授のコメントにもあったように、バランスの良い食生活を心がけましょう。食事は温野菜やきのこや果物はたっぷりと、逆に油脂や塩分や糖分は摂りすぎないようにね。

いったい一日にチョコレートをどれくらい食べればいいのでしょう。多くの研究者が指摘するように、チョコレートの効用は普段の摂取量によっても違います。個人差はありますが、一日あたり五〇グラム程度を目安にしましょう。

あなたが普段からチョコレートに慣れ親しんでいて、少なく感じるようであれば、自分で微調整してください。一〇〇グラムを超えなければ、健康面での問題はないそうです。ただしチョコレートの量を増やしたら、摂取したエネルギーが過剰にならないように、運動などでエネルギーを消費してくださいね。

チョコレート選びは、質の良いカカオに重点を置きましょう。植物油脂を含んだチョコレートは、味に不満が残ることが多いので、ダイエットには避けたほうがいいかもしれません。砂糖の代わりに人工甘味料を使っているものも、できれば外したいですね。カカオが持つ効能を最大限に活用するには、添加物のないシンプルなブラックチョコレートが理想です。

純ココアパウダーは、チョコレートの二倍ほどのカカオマスポリフェノールを含んでいるうえに、チョコレートと同じように健康や美容の効果も期待できます。ただ、チョコレートほどの満腹感がないのと、気軽に食べられないので、ホットチョコレートに混ぜるとかして、うまく併用するといいと思います。

あとはあなたの意思と脳内のサポートチームの連携がうまくいくことです。覚えていますか。チョコレートは脂肪を減らすだけでなく、健康や美容効果も期待できることを。だからあせらないで気楽に続けてみましょうよ。

04 愛のチョコレート
Chocolat

「愛のチョコレート」と聞いたら、日本人はすぐにヴァレンタインデーを思い浮かべるのではないでしょうか。一年のうちでもっともチョコレートが注目される時期。その過熱ぶりたるや、今や日本の風物詩といえるほどです。

欧米では日本ほど一斉に、人々がチョコレートに殺到することはないものの、ヴァレンタインデーが愛の日だということでは共通しています。フランスでは、日本のヴァレンタインデーとホワイトデーを合わせたような日なので、愛し合う二人が互いの愛を確認し合う意味で、ハートの形をしたプレゼントを贈り合ったりします。北アメリカやオーストラリアでは逆に、男性が愛する女性に贈り物をします。贈り物にはチョコレートや花が選ばれることが多いようですが、愛が込められているのですから、どちらを贈られても嬉しいですよね。

愛をテーマに特別に作ってもらったチョコレート作品。
4人のショコラティエの競演です。

Pierre Marcolini

ピエール マルコリーニ
テーマは愛。チョコレートで作った愛のボックスに、ボンボン・ショコラを詰めてみました。アシスタントなしですべてひとりで、4時間かけて仕上げたマルコリーニの愛の力作

La Maison du Chocolat

ラ・メゾン・デュ・ショコラ

テーマは愛。洗練された大人の愛にふさわしいガトー・オ・ショコラを、高カカオのブラックチョコレートで作りました。気品のある味わいがお互いの愛をより深めます

Jean-Paul Hévin
ジャン=ポール・エヴァン
テーマは愛。半透明の卵形のガラス板に、ボンボン・ショコラを詰めた幸せあふれる愛の巣で、パリの恋人たちの愛を表現しました。ガラスに映り込んだパリの街並みもロマンチック

Ladurée

ラデュレ

テーマは愛。ミルクチョコレートで愛を包んだガトー・オ・ショコラで、心の込もった愛の日の贈り物を表現。リボンはアメ細工。ちょっとスウィートな愛を味わえます

04-01
愛をチョコレートに込めて

十八世紀には文学や絵画にも描かれているように、チョコレートは、恋愛、情事、女性の寝室には欠かせないアイテムとなっていました。ラクロの小説『危険な関係』で繰り広げられるような、貴族階級の享楽的な生活に、チョコレートはぴったりの飲みものだったのです。

ところで、チョコレートにはだれの心の扉をも開いてしまう不思議な力があるのをご存知でしたか。そのためチョコレートの話をして、笑顔になる人はいても仏頂面になってしまう人はまずいませんよね。それだけにあふれんばかりの愛をチョコレートに託して意中の人に贈ったとしたら、チョコレートの助けを借りる分だけ、相手の心を射止める率が高くなるかもしれません。米国の映画監督ビリー・ワイルダーは、生前こんな言葉を残しています。「絶対に人をうんざりさせてはいけないよ。なにか重要なことを言いたいときは、それをチョコレートで包みなさい」。やはり愛もチョコレートで包むべきですよね。

04-02
贈られて嬉しいチョコレート

最近、日本でも贈り物としてチョコレートを選ぶ人が増えています。チョコレートの贈り物としての歴史は、すでにアステカ時代から始まっていました。メキシコ・シティーにある国立宮殿内のディエゴ・リベラが描いた壁画には、カカオ豆はアステカ時代、皇帝への貢ぎ物だったことや、お金として流通していた様子などが、ひと目で理解できるように描写されていておもしろいですよ。アステカ帝国最後の皇帝モクテスマ二世は、彼を殺害しにやって来たスペインの征服者を伝説の神と勘違いして、うやうやしくカカオを贈ったのです。

チョコレートは古代マヤやアステカ時代から、宗教儀式には欠かせないものでした。海を渡りヨーロッパに入ってからも、宗教的な祭事と密接に関わっています。そのためヨーロッパでは、ヴァレンタインデーよりもクリスマスやイースターの時期に、チョコレートが贈り物として注目を集めます。ショコラティエのショーウインドウは、クリスマスやイースターの数週間前からカラフルなリボンでラッピングされたチョコレートで飾られ華やぎます。

クリスマスが冬の祭典ならば、イースターはキリストの復活を祝う春の祭典です。春分後の最初の満月の次の日曜日がイースターで、翌日の月曜日は祭日となります。つまり、年によって三月二十一日から四月二十五日までのいずれかの日曜日になります。

春の始まりが生命の誕生を思わせるのは万国共通のイメージ。そんなイースターに欠かせないのは、生誕、再生の象徴である「イースターエッグ」と呼ばれる卵です。私が初めて味わったチョコレートのイースターエッグは、デザイナーのソニア・リキエルから贈られた「ドボーヴ・エ・ガレ」のものでした。箱の中からソニアの手書きのメッセージとともに出てきたのは、ブラックチョコレートでできた大きな卵。この卵はただ者ではありませんでした。というのも殻を割ると驚きが隠されていて、中からチョコレートで作られた小さな魚や鳥や卵に見立てたアーモンドボールなどが現れたからです。小さな魚は、「四月の魚」と呼ばれ、四月一日のエイプリル・フール用のものです。一年で一度だけ悪戯が許されるこの日に、だれかの背中に魚の絵を張りつけて遊んでいたのが、いつの間にかチョコレートの魚を贈る習慣になったといいます。

そもそもイースターでは、クリスマスでいったらサンタクロースの役割を持つ鐘（手足があるのでしょうか）が、卵やうさぎや鶏などをかたどったチョコレートを家の庭に隠しに来ると信じられています。そのため子どもたちにとってイースターの楽しみは、庭に隠されたチョコレートを探し出すことなのです。

イースターに私の身長の三分の一もあるうさぎのチョコレートをいただいて、ハンマーで叩き割りながら一カ月ほどかけて食べたこともあります。うさぎの大きさには驚きましたが、あのイースターエッグの楽しさには及びません。卵の殻の中に隠れたチョコレートを思いながら、子どものようにウキウキできるのはやはり魅力です。大人用に趣向を凝らしたブラックチョコレートのイースターエッグは人気が高いので、たいていのショコラティエの店で見つけることができますよ。「ラ・メゾン・デュ・ショコラ」のものは、ボックス自体が卵形をしていて、リボンがかけられた中央の卵に驚きが隠されていました。

チョコレートの贈り物を皆が喜ぶのは、子どものころから、こうしたお祝いの日のプレゼントやご褒美につながる楽しい思い出があるからなのですね。

La Maison du Chocolat

ラ・メゾン・デュ・ショコラのイースターエッグとボンボン・ショコラの詰め合わせ。箱の中央のリボンのついたイースターエッグを割ると、中に小さな卵形や魚形のチョコレートが。デザインや内容は年ごとに変わるので毎年のお楽しみ

04-03
ボンボン・ショコラの詰め合わせを少しだけ個性的に

ショコラティエのお店に行く最大の楽しみは、いろいろな種類のボンボン・ショコラに出会えることではないでしょうか。人気ショコラティエのお店には、形もフレーバーもさまざまなボンボン・ショコラが、たいてい常時二十種類以上はケースに並んでいます。そこには、各ショコラティエのこだわり、個性、才能といったものも浮かび上がっています。

私は単品で購入するときだけでなく、詰め合わせボックスのときも中に入れてもらうボンボン・ショコラや、ショコラの配列の仕方は自分で選ぶことにしています。老舗ブランドになればなるほど心得たもので、適切な相づちを打ちながら、快くつき合ってくれますよ。短時間にたくさんの買い物をする必要があるとか、店で用意した詰め合わせしかないなど、特別な理由がない限り、私はお気に入りのショコラを自分で選んで、それをボックスに詰めていくという楽しみを放棄することはありません。特に大切な人への贈り物であるならば、ひと粒ごとのセレクションに愛のメッセージを込めるわけですから、おろそかになんてできませんよね。

もしあなたがひとつのブランドのボンボン・ショコラを詰め合わせるだけでは物足りないと感じているのなら、各ブランドからお気に入りのひと粒を集めて、それをひとつの箱に詰めてみてはいかがでしょう。贈り物として考えるならば、相手の好みに合ったボンボン・ショコラだけを、各ブランドからピックアップすることもできますよね。ミルク系のボンボン・ショコラだけとか、逆にブラック系のボンボン・ショコラだけとか、柑橘類のフレーバーばかりを集めるなど、自分で決めたテーマにそって選んだショコラが詰まった、世界にひとつだけのオリジナルボックスを作ることができますよ。東急ハンズなどで既製品のボックスを購入するしか、ボンボン・ショコラの空き箱の外側に新たな紙を張りつけることで、手作り感覚のボックスを仕上げることもできます。

もし、まだ一度も自分でボンボン・ショコラを選んだことがないのでしたら、まずは自分のお気に入りショコラティエの店で、ボンボン・ショコラを選んでみることから始めてみてはいかがでしょう。

04-04
テーマのあるチョコレートの詰め合わせ

ボンボン・ショコラの詰め合わせボックスをプロデュースする場合、最初に必ずボックスのテーマから構想を練り始めます。今までになかったユニークなテーマを考えるのは、とても楽しくおもしろい作業ですよ。

以前フレンチのフルコースをテーマに、六種類のボンボン・ショコラを詰め合わせたボックスを作ったことがあります。料理と同じでボンボン・ショコラも、味の薄いものから始めて、濃いものへと食べ進められるように組み立てます。料理のフルコースを味わうように、食べられることがポイント。まずはカラメル風味の軽やかなミルクチョコを、アミューズ・ブーシュ（先づけ）役に任命。続く前菜役には、ミルクチョコにヌガーを練り込んだボンボン・ショコラ。魚料理役にはヴァニラ風味。肉料理役はバジル風味。デザート役はパッションフルーツ風味。最後はエスプレッソ風味で、エスプレッソをガナッシュに練り込んだボンボン・ショコラを締めにフルコースは終了。いかがでしたか。

●テーマは、イタリアの香りと産地別チョコレートとのマリアージュ

　イタリアの高級革製品のブランド、ヴァレクストラのために、世界で三五〇個だけの限定版ボンボン・ショコラの詰め合わせボックスを作ることになりました。そこで産地別のチョコレートに、アマレットやバルサミコといっただれでも知っているイタリアの香りを織り込んで、イタリアンブランドらしいオリジナル・ショコラを作ることにしました。フレーバーとしては、プレーン、ヴァニラ、ジャンドゥジャ、バルサミコ酢、アマレット、レモンとリモンチェッロ酒、ミルクの七種類。チョコレートは厳選の結果、マリアージュを考え、ブラックチョコレートのカカオ分は七〇％前後に抑え、ベネズエラ二種、エクアドル、トリニダード、マダガスカル、サントメ、南米のブレンドという六産地（七種類）に決めました。

一　「プレーン」は、トリニタリオ種（リオ・カリベ・スペリオール）のカカオ豆を使用。スペリオールとは発酵豆という意味で、ラム酒のような少しクセのある風味と酸味があります。

二　「ミカ」という私の名前を冠にしたボンボン・ショコラは、芳潤な香りを

放つタヒチ産ヴァニラと、単一農園のヴィンテージ・チョコレートのマリアージュ。素材のおかげで七種類の中でもっとも評価が高かったものです。

三「ジャンドゥジャ」は十九世紀にイタリア北西部のピエモンテ州トリノで誕生しました。ヘーゼルナッツの味わいが魅力です。
四　イタリア北部エミリア・ロマーニャ州モデナ地方の伝統的な芳香酢「バルサミコ酢」の十二年ものを使用して、気品のある香りを楽しみます。
五　アーモンド風味の甘口リキュールを練り込んだガナッシュ。カカオの強さが、リキュールの香りを引き立て絶妙なバランスです。
六　レモン風味をつけた生クリームを練り込んだショコラからは、ほんのりと甘口リキュールの香りがし、だれもが好きになる爽やかな柑橘類の味わいです。
七　ブラウンシュガーと麦芽を加えた、キャラメルとヴァニラの風味のミルクチョコレートです。
　チョコレートの製作は、独創的なチョコレート作りを得意とする「テオブロマ」の土屋公二さん。細かく指定した材料でボンボン・ショコラを完成させるのは、かなり難度が高いのですが、全体にバランスよく仕上がりました。

(左列上から・右列上から・最上の順)
1　プレーン
フレーバー：プレーン　カカオの産地：ベネズエラ、パリア半島　カカオ70%　カカオの品種：トリニタリオ種（リオ・カリベ・スペリオール）
2　ミカ
フレーバー：ヴァニラ　カカオの産地：トリニダード島、グラン・クヴァ農園　2005年産ヴィンテージカカオ68%　カカオの品種：トリニタリオ種
3　ジャンドゥジャ
フレーバー：ジャンドゥジャ　カカオの産地：南米ブレンド　カカオ29%＋ヘーゼルナッツ32%＋砂糖35%
4　バルサミコ
フレーバー：バルサミコ酢　カカオの産地：サントメ島　カカオ70%
5　アマレット
フレーバー：アマレット　カカオの産地：ベネズエラ　カカオ72%
6　リモンチェッロ
フレーバー：有機レモンとリモンチェッロ酒　カカオの産地：マダガスカル　カカオ64%　カカオの品種：クリオロ種の遺伝子を多く含むトリニタリオ種
7　鞄形のミルクチョコレート
カカオの産地：エクアドル　カカオ40%　カカオの品種：フォラステロ種

04-05 宝石箱のようなチョコレートボックスを作る

一八六二年創業の「ラデュレ」は、スイーツ好きが一度は行ってみたいと憧れるパリでもっとも有名なティーサロンです。ピエール・エルメがシェフ・パティシエをしていたこともありました。マカロンやチョコレートやパティスリーはもちろんのこと、美しいパッケージにも人気が高く、パリにある四軒の店はいつも行列が絶えません。左岸の店は、ティーサロンだけでなくチョコレート専門店も併設しています。

そのラデュレと共同で、ボンボン・ショコラを詰め合わせた限定版ボックス「ラデュレ&ミカ オグラ」Ladurée & Mika Ogura を作ることになりました。ラデュレは、今までにルイ・ヴィトン、シャネル、クロエ、クリスチャン・ラクロワといった一流のブランドとのコラボレーションによる限定ボックスを手掛けてきました。チョコレート研究家であっても一個人と、それも日本人とコラボレーションをするのは、ラデュレの創業以来、初めてのことだけに、私にとっては夢のような話です。半年ほどの間、二カ月に一度の割合でパリを訪れ、その度に少しずつラデュレのプロジェクトを進めることになりました。宿泊先のホテルで時間を見つけては、ホテルの便箋にラフなボックスのデザインを何枚か描き、そのボックスに詰めるボンボン・ショコラの名前を書いてみました。そのラフをもとに、箱のデザインはイメージクリエーターで広報部長を務めるサフィアが、チョコレートについてはアトリエ責任者のフィリップがそれぞれ具現化してくれました。

私はプロジェクトの当初から、ボックスのひとつは角帽のように側面の縁を出して、色はライラックにしたいと考えていました。ラデュレのブランドカラーであるラデュレ・グリーンを使ってほしいという社長の希望もあって、結局、二種類の色を使ったボックスを作ることにしました。プロジェクトの途中で、ラデュレが伊勢丹新宿店のサロン・ド・ショコラに、日本初出店する可能性が出てきて、私は日本のラデュレ大使にも任命されることになりました。

夢のようなプロジェクトですが、やり始めるとなんでもそうですが、いろいろな問題があとを絶ちません。箱を作り、チョコレートを選んで詰めるだけ、という簡単なものではなかったのです。ラデュレには社長を始め強烈な個性の持ち主が勢ぞろいしていることもあって、意見がぶつかっても、だれも簡単には自分の主張を曲げようとしません。なかなか一筋縄でいかないのです。でも愛がいっぱい詰まったボックスを作ることは、だれもが望んでいたことでした。

アトリエに、出来上がったばかりのボンボン・ショコラを一斉に並べると、かなりの迫力です。完成したばかりのサンプルの箱に、フィリップと一緒に選んだボンボン・ショコラを詰めてみたら、なんということでしょう。ショコラの大きさに合わせて仕上げたはずの箱に、予定していたショコラが入らないではありませんか。形や大きさはショコラによってそれぞれ違います。明らかに寸法ミスでした。フィリップがポケットに入っていた携帯電話を取り出して、箱の発注を担当したスタッフに問い合わせます。どうやら箱の内側の寸法を渡したつもりでいたのが、相手には箱の外側の寸法として伝わっていたようです。小さすぎるワケです。結局やり直すことになりました。さまざまな問題が山積していただけに、ボックスが完成したときの喜びはひとしお。チョコレートへの愛と情熱に支えられた素晴らしいプロジェクトでした。

ラデュレのスペシャルボックスと
ショコラ・オ・マカロン

日本で初登場となったラデュレの詰め合わせスペシャルボックス「ラデュレ&ミカ オグラ」は、伊勢丹新宿店で2005年1月末のサロン・ド・ショコラと、同年2月のヴァレンタイン期間に限定販売されました

04-06 私のボックスコレクション

ボンボン・ショコラの楽しみは、舌で味わうだけでなく、宝石を入れるような高級感のあるパッケージにもあります。そもそも粒チョコのパッケージは、二十世紀初頭にノイハウスの三代目が、ベルギー流粒チョコレート「プラリーヌ」がつぶれるのを防ぐために、簡易パッケージ「バロタン」を発案したことが始まりでした。七〇年代の終わりにフランスで、ラ・メゾン・デュ・ショコラが高級なアクセサリー用のようなパッケージにボンボン・ショコラを入れ、ロゴ入りの上質なリボンをかけるようになってからは、ボンボン・ショコラ用のパッケージのレベルは一段と上がったのです。

私は海外で美しいパッケージを見つけると、運命の出会いのように感じて、たとえ中のチョコレートに多少の不備があっても、ついつい買い求めてしまうのです。そのため中身入りで保存版にすることもあります。こんなふうに集めていたら、いつの間にか家の中はパッケージだらけになってしまいました。

ピエール マルコリーニの限定版木製のチョコレートボックス

そんな私のコレクションの中でいちばんのお気に入りは、ピエール マルコリーニの大変貴重な限定版の木製ボックス。以前、マルコリーニの頼み事を聞いたお礼にいただいたもので、木箱の中にはプラリーヌが数段にわたってずっしりと詰まっていました。ふたに描かれたカカオと街の幻想的な絵があまりにも魅力的で、眺めているだけで癒されるようです。

04-07
作ろう！　私だけのオリジナルボックス

お気に入りのボンボン・ショコラが十二個入るオリジナルボックスを作ってみましょう。

一　厚紙で、箱のふたと身、仕切り（底面とサク）を用意する
二　一の箱のふたと身のまわりを内側に折り曲げて、角を外側から紙テープで留める
三　外側をくるむ紙で、箱のふたと身を用意する
四　三を二にのりで張る
五　一の底面の仕切りは穴の部分を山に折り、それ以外は谷に折る
六　一のサクの仕切り二枚は、中央を山に折る
七　五と六を組み合わせて、十二個の仕切りを作る
八　四の箱に七を入れて完成

ふた　くるみ紙

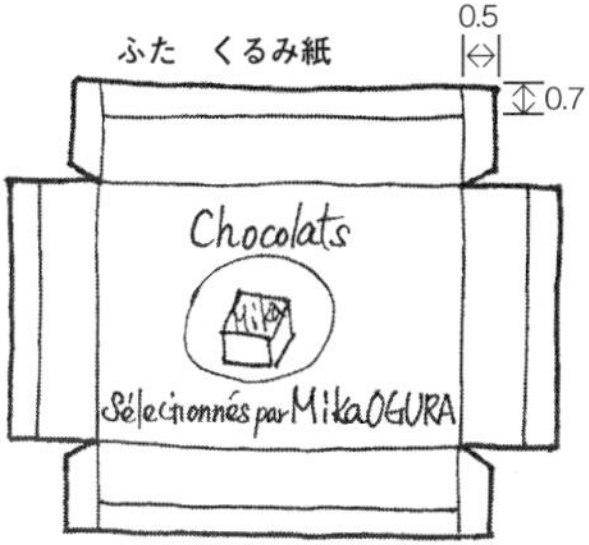

ふた　厚紙

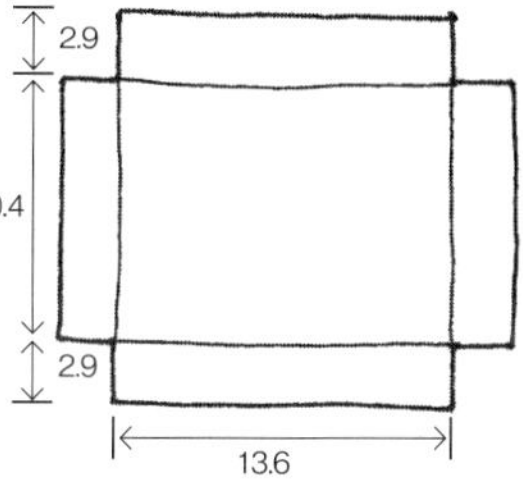

身　くるみ紙

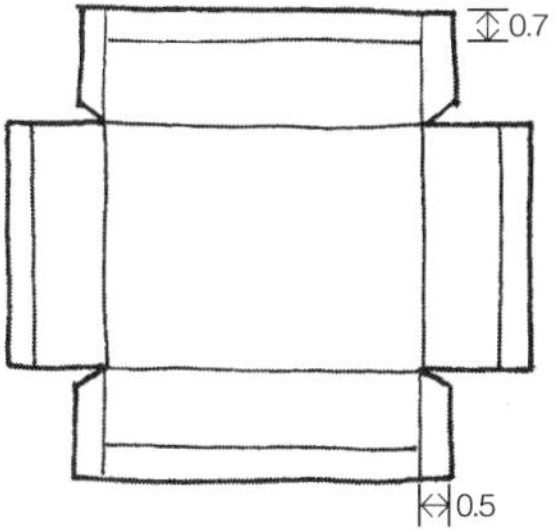

身　厚紙

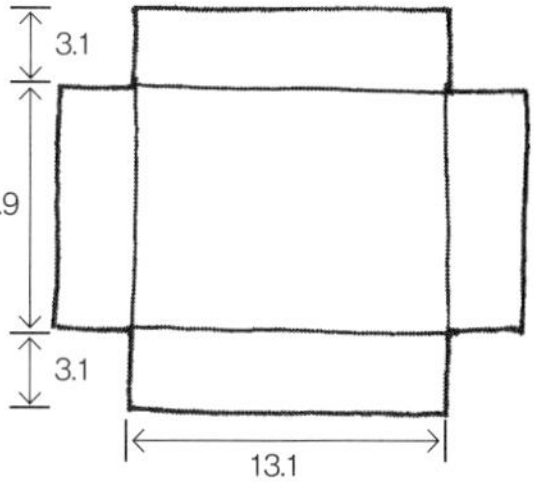

仕切り（底面）

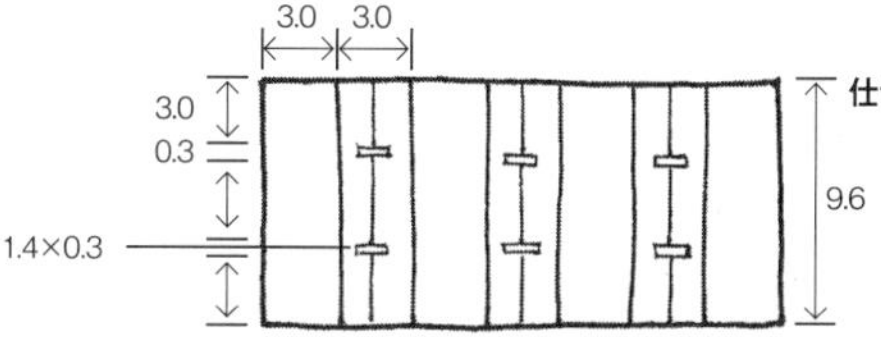

仕切り（サク）2枚

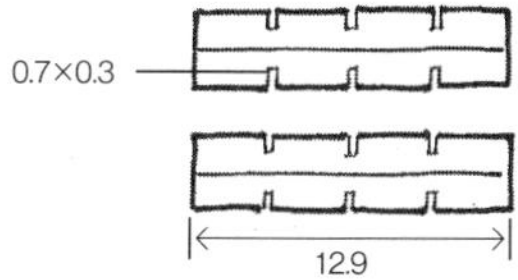

※数字の単位はcmです

04-08
ファッションブランドのチョコレート

最近、フランスやイタリアの有名ファッションブランドが銀座に新たなビルを建てるなど、なにかと話題がつきませんが、いくつかのところでは新たにオリジナル・チョコレートも発表していますよ。

シャネル銀座ビルディングにあるレストラン「ベージュ アラン・デュカス東京」では、オープン以来、食後の飲みもののときに、シャネルのロゴ入りボタンをかたどったブラックチョコレートが登場します。

二〇〇六年十一月、やはり銀座にオープンしたグッチの四階は、「グッチ カフェ」というカフェスペースになっています。ロゴ入りのボンボン・ショコラを詰め合わせたオリジナル・ボックスを購入できますよ。

アルマーニもエンポリオ・アルマーニの店内に併設した「アルマーニ ドルチ」で、チョコレートを扱っています。チョコレートの詰め合わせは、その場で選んだチョコレートをスタイリッシュなボックスに詰めてもらえます。

シャネル
ボタンチョコレート
「ベージュ アラン・デュカス東京」で食事をすると、食後に登場しますよ

グッチのチョコレート
Gマークひとつが「ビター」、二つがミルクフレーバーの「ラッテ」、五つが「ラズベリー」、そしてたくさんのGマークは「キャラメル」と、全4種のフレーバーがあります。軽やかで甘さ控えめの大人の味ですね

アルマーニ ドルチ
ヘーゼルナッツ、くるみ、緑茶、サフラン、ごま、ライム＆ラム酒など、15種類のフレーバーから、自分の好きなものを選んで、ボックスに詰めてもらえます

05 チョコレートのテイスティング

Chocolat

チョコレートのもうひとつの楽しみ。それはワインのようにテイスティングを楽しむこと。「えっ。チョコレートでそんなことできるの?」ですって。

もちろんです。かなり突拍子もないことのように思えるかもしれませんが、チョコレートもワインのぶどうと同じように、産地や品種の違ったさまざまなカカオから作られていることを思い出してみてください。

ワインが大きく赤、白、ロゼに分類できるように、チョコレートも「ブラック」「ミルク」「ホワイト」というように大きく三種類に分けられることは、すでにお話ししましたよね。ただし、チョコレートの場合、色の違いはワインとは違って、粉乳などの添加物によって生じます。「ホワイト」にいたっては、カカオバターと粉乳と砂糖という白い成分だけ。でも、これだとカカオの固形分が入っていないので、カカオ豆の違いはわかりにくいですよね。

そのためテイスティングには、カカオ豆を中心に作られたブラックチョコレート（ダークチョコレートともいいます）を使うのが、もっともカカオ豆の違いを感じやすいのです。テイスティングを楽しむ人が増えてきたことで、チョコレートも少しずつ進化しています。カカオ豆の違いをよりダイレクトに感じることができるように、今までは入っているのがあたりまえのように思われていたヴァニラや、乳化剤のレシチンを添加しないチョコレートも増えてきました。こうして、よりワインに近いテイスティングができるのです。

テイスティングをするときは、ゆったりとした気分で始めましょう。割ったときのパキッという軽快な音を聞き、色を愛《め》で香りを楽しみます。同時に複数のチョコレートを比べると、色調や香りがずいぶんと違うのがわかりますよ。

カカオバターの融点は人間の体温より少し低いので、チョコレートは口に含むと自然に溶け始めます。ほら、チョコレートがあなたに、自分の特徴をそっとささやいているのを感じませんか。五感を研ぎ澄ませながら、舌触り、風味、口の中に残る最後の余韻まで、心ゆくまで味わってみてはいかがでしょう。

05-01
チョコレートのカカオ含有率

カカオの含有率が大きく表示されたチョコレートが増えてきました。見かけたことありますよね。この数字は、テイスティングのときに、ひとつの目安にできるものです。私が二十年ほど前に初めてパリで味わったブラックチョコレートは、六四％くらいのひと口サイズの板チョコでした。

ブラックチョコレートの先進国フランスでも、八〇年代の終わりに七〇％のチョコレートが誕生するまでは、ブラックは六〇％台が主流でした。当時は、私も本格派チョコレートについては初心者でしたが、甘味よりも、カカオの風味を大切にしていることに強い印象を受けました。六〇％台からはカカオ豆の特徴が出るものが多くなるので、テイスティング初心者にはお勧めです。中級者から上級者には、今のチョコレートのラインナップからすると、質の良いものが多く、種類も豊富な七〇～八〇％台がおもしろいと思いますよ。

この数字にはどんなものが含まれるのでしょう。主役となるのはカカオマス。

カカオマスはカカオ豆をすりつぶして作るので、自然にカカオバターを含んでいます。けれど口溶けの良さを出すために、たいていチョコレートの製造過程でカカオバターを追加しています。さらにココアパウダーや、「カカオケーキ」と呼ばれるカカオの固形分や、カカオニブを加えることもあります。

こんなふうにカカオ含有率の内容は、厳密にはそれぞれ違います。でも同じ含有率であれば、複数のチョコレートでも比較しやすくなりますよね。

最近はカカオバターを過剰に加えてしまうと、カカオ豆そのものが持つ風味が消えやすいとの考えから、必要以上のカカオバターをむやみに追加していないというチョコレートもあります。つまりカカオマスに砂糖を加えただけのシンプルなチョコレートを、テイスティングすることも可能になったわけです。

日本人の味覚の進化の速さにはいつも驚くばかりですが、数年前まで日本でブラックといえば五〇％台が主流だったのに、海外ブランドの進出もあって、あっという間に六〇％どころか一〇〇％のものまでがそろうようになりました。こうしてチョコレートの選択肢が広がったことで、品質も向上してきています。テイスティングを楽しむには、嬉しい傾向にありますね。

【カカオ】
Cacao
60~79%

(右上から)
ドボーヴ・エ・ガレ「カカオ72%」(85%もある) フランス
(ドボーヴ・エ・ガレについては43ページ参照)
ベルアメール「パレショコラ アメール66%」(80%もある) 日本
リンツ「エクセレンス カカオ70%」フランス
ガレー「ノワール カカオ70%」(60%、85%もある) ベルギー
アメディ「トスカーノ・ブラック 63%」(66%、70%もある) イタリア
森永製菓「カレ・ド・ショコラ カカオ70%」日本
ドモーリ「ブレンドNo.1」78% イタリア
ロッテ「カカオの恵み カカオ70%」(75%、85%もある) 日本
カフェタッセ「カカオ77%」ベルギー
ヴァローナ「グアナラ」70% フランス
明治製菓「チョコレート効果 カカオ72%」日本
ノイハウス「ダークチョコレート カカオ73%」ベルギー
ル ショコラティエ タカギ「エスプリ・ドゥ・タカギ」72%(63%もある)
日本
ピエール マルコリーニ「グラン クリュ カボス」70% ベルギー
ヴェイス「ナポリタン ノワールカカオ豆入り」70% フランス

●ブランド名、「商品名」、カカオ含有率、生産国の順に表記しています。

Meiji
チョコレート効果
CACAO
72%
DOMORI
GRAND BLEND DARK CHOCOLATE
Blend Nº1
Galler
Chocolate
Noir 70
MAISON FONDÉE EN 1800
CHOCOLAT
72% DE CACAO
LOTTE
70%
CACAO
カカオの恵み
DARK CHOCOLATE
neuhaus
73%
TAKAGI
CAFÉ-TASSE
CACAO
77%
Extra Noir
CIOCCOLATO FONDENTE
EXTRA 63%
LA TAVOLETTA
AMEDEI
TUSCANY
Lindt
EXCELLENCE
70%
COCOA
DARK
EXTRA FINE
PIERRE MARCOLINI
CHOCOLATIER
GRAND CRU
CABOSSE
ASSEMBLAGE DE DIFFÉRENTES
FÈVES DE CACAO SÉLECTIONNÉES
PAR NOS SOINS
CARRÉ² CHOCOLAT
BELGIAN PRODUCT
VALRHONA
Les Grands Crus de Chocolat Valrhona
GUANAJA
Cacao 70
NAPOLITAINS
CHOCOLAT NOIR 70 % DE CACAO
AUX ÉCLATS DE FÈVES TORRÉFIÉES
WEISS

05-02
高カカオチョコレート

カカオ分を多く含んだ高カカオチョコレートは「ハイカカオチョコレート」とも呼ばれ、健康や美容やダイエットに素晴らしい効用を発揮してくれます。チョコレートの効能については、第二章と第三章ですでにご紹介しましたね。

海外の有名ショコラティエの日本進出、ボンボン・ショコラの人気など、ここ数年のチョコレートの流行を経て、二〇〇五年あたりから、日本でも高カカオチョコレートの需要が増えてきているそうです。ダイエットに敏感な若い女性と、健康が気になる三十歳以上の働き盛りの男性にとりわけ人気とか。

そのため高カカオチョコレートは、海外だけでなく、日本のものも種類が豊富です。ミルクチョコレートのファンが圧倒的なシェアを占めていた少し前の日本の市場からは、想像できない現象です。ミルクチョコレートにも、カカオ分の高いものが増えてきたくらいですから。なんといってもスーパーやコンビニで手軽に購入できるようになったことは、ファンにとっては大きな収穫です。

話は飛びますが、米国ハーバードメディカルスクールの長年にわたる研究によれば、中米パナマの離島に住むアメリカ先住民クーナ族に、高血圧の人がほとんどいないのは、何世紀も受け継がれた方法で作った自家製のカカオマスポリフェノールたっぷりの高カカオチョコレートを、長期間摂取しているからだといいます。毎日最低五杯は飲むそうです。一方、パナマ本土の首都で都会生活を送るクーナ族は、低脂肪の食べものや、野菜やフルーツをふんだんに食べている離島のクーナ族とは違って食生活も欧米並み。チョコレートを飲む習慣を失っているか、市販の調整ココアをたまに飲んでいる程度で、離島のクーナ族に比べると高血圧もがんによる死亡率も圧倒的に高いというのです。

彼らのような自家製チョコレートは無理だとしても、一〇〇%に近い高カカオチョコレートを食べるか、ホットチョコレートにするかして毎日摂取したら、離島のクーナ族に近い効果が得られるかもしれませんね。でも、私たちは生活習慣が違うので、試すのだったらとりあえず二杯くらいにしておきましょうか。

高カカオチョコレートのテイスティングは、五感を楽しませるだけでなく、からだにとってもいいということが、ここでも証明されているということです。

【カカオ】

Cacao

80~100%

（右上から）
明治製菓「チョコレート効果 カカオ99%」（86%もある）日本
アルマーニ ドルチ「カカオ88%」イタリア
ヴェイス「カシンコア」85% フランス
ドモーリ「リオ・カリベ・スペリオール 100%カカオマス」※（70%もある）イタリア
ラデュレ「ソニア・リキエル」80%（66%もある）フランス
リンツ「エクセレンス カカオ99%」フランス
ドモーリ「プーロ」100% イタリア
コートドール「センセーション ブルート」86%（70%もある）ベルギー
リンツ「エクセレンスダーク カカオ85%」フランス
ミッシェル・ショーダン「マシャラ」80% フランス
オリジーンヌ・カカオ「カカオ80%」（70%もある）日本

●ブランド名、「商品名」、カカオ含有率、生産国の順に表記しています。
※ドモーリ 100%カカオマスは全6種類。「リオ・カリベ・スペリオール」のほかに、「スール・デル・ラーゴ」「サンビラーノ」「アプリマック」「カレネーロ」「アッリーバ」があります。

写真以外にも下記のものがあります。
ラ・メゾン・デュ・ショコラ「コロ」カカオ100%（74%の「クオナ」もある）フランス
ジャン＝ポール・エヴァン カカオ76~81%まである。フランス
テオブロマ　カカオ80%と90%がある（121ページ参照）日本
プーラン1848「ノアユーテーム カカオ86%」（76%もある）フランス

85% COCOA
DARK
EXTRA FINE
99% CACAO
NOIRISSIME
Finesse
DOMORI
CACAO CULT
RIO CARIBE SUPERIOR
100%
COCOA MASS
PASTA DI CACAO
75g ℮ Net wt 2.64 oz.
Meiji
チョコレート効果
CACAO 99%
1700mg
Le chocolat par
Michel Chaudun
DOMORI
CACAO CULT
100% COCOA MASS
Puro
ARMANI / DOLCI
EXTRA NERO
Côte d'Or
Sensations
BRUT
86% CACAO
NOIR de NOIR
LADURÉE
Paris
CHOCOLAT
NOIR
KACINKOA
85%
"Pour les passionnés ..."
L'instant chocolat
de
WEISS

05-03
テイスティングの心得

私が会員になっているフランスの代表的なチョコレート愛好会「ル・クラブ・デ・クロクール・ド・ショコラ（CCC）」では、パリで定期的に会合を開き、毎回いろいろなチョコレートのテイスティングをしています。おなかがいっぱいだと感覚が鈍ってしまうので、テイスティングはいつも食事前です。室温は二十度くらいがベストですね。飲みものはミネラルウォーター。それもミネラルの少ない軟水が向いているので、日本の水はぴったりということになります。

味わう順序は、チョコレートだけでなく、ワインや料理となんでも共通していますが、軽いものから重いものへ、味の薄いものから濃いものへと進めるのがコツです。つまりカカオ含有率が低いものから高いものへ、またミルクチョコレートがある場合は、最初にミルクチョコレートをもってきましょう。

舌がとらえられる基本的な味覚は、「甘味」「塩味」「酸味」「苦味」の四種です。チョコレートメーカー、ヴァローナで教えてもらった本格的なチョコレートのテイスティングは、そのうちチョコレートの特性を表すのに必要な「酸味」「苦味」、それに「渋味」を加えた三つの味に、「軽い香り」「ドライフルーツの香り」「重い香り」という三つの香りを、それぞれ五段階評価で採点します。それを六角形のチャートにすると、それぞれの特徴が形になってとてもよくわかりますよ。「苦味」は深く焙煎したコーヒーの味、そして「渋味」はタンニン（ポリフェノール）の強い赤ワインや、濃い緑茶の味といったらわかりやすいでしょうか。自分で試すときの基準にしてみてください。

チョコレートの場合も、ワインのテイスティングと同様で、まず目で色を愛でることから始め、次に鼻に近づけて香り「アロマ」を、続いて口に含んで舌触りと「サヴール」と呼ばれる風味を楽しみます。そしてリスのように頰を膨らませ、空気の圧力で香りを口の奥へと送り、鼻腔でも味わうのです。こんなふうに視覚、嗅覚、味覚、触覚を使って味わうのは、ワインや食事と同じです。

食べたことのないものを味わうのは、刺激的なことですよね。それだけに最初から知識だけを詰め込もうとすると、テイスティングがつまらないものになってしまって残念。まずは、感覚で味わってみることが大切だと思います。

趣向を凝らしたセットをいろいろ試してみましょう。

テイスティングセット
Dégustation de chocolats
デギュスタシオン・ド・ショコラ

フランス語のデギュスタシオンはテイスティングを意味します。日本でもフランス料理店などで、コース料理のメニューに「デギュスタシオン」と書かれているのをよく見かけますね。チョコレートにもいろいろなデギュスタシオンのセットがあって楽しめます。

リシャール
RICHART
「ウルトラマンス」

●ブランド名、商品名の順に表記しています。

カカオの含有率70～100%　全9種類(7カ国)
　1987年生まれのテイスティングセットの草分け。「ウルトラマンス」は、フランス語で「極薄」を意味します。測ってみたら4.2cm四方で厚さは2mm。その名の通りかなり薄いので、口溶けが早く、特徴がつかみやすいですよ。チョコレートの右上にカカオ豆の産地、左上にカカオ豆の品種、そして中央に大きくカカオの含有率が表示されているので初心者にもわかりやすいですね。産地やカカオ豆や含有率の種類が豊富なので、カカオの入荷状況や箱のサイズ(最大9種類セット)によって組み合わせが変わります。ご存知でしたか。産地やカカオ豆の種類はもちろんのこと、含有率によっても、味は驚くほど違うのですよ！
※カカオの産地については、132ページからの「産地限定チョコレート」をご参照ください。

アメディ
AMEDI

「クリュ」

カカオの含有率すべて70%　全6種類(6カ国)　ベネズエラ、エクアドル、トリニダード、グレナダ、ジャマイカ、マダガスカル

マダガスカル以外は、すべてカリブ海のジャマイカから弧を描いて南米北端まで点々と連なる産地を集めたセットです。ベネズエラには白檀の香りがあり、濃厚な味わいのエクアドル、ダージリンの香りのトリニダードなど、この3つの産地はどれもウッディーな香りに特徴があります。またジャマイカは柑橘系の酸味、グレナダはクリーミーで甘味があり、マダガスカルは最後に清涼感が残るといったように、国によってかなり味わいが異なります。カカオ分が同じものは、産地別に味わいたい場合に、比較しやすいのが嬉しい。中南米のチョコレートが好きな人や興味がある人に、特にお勧めしたいです。

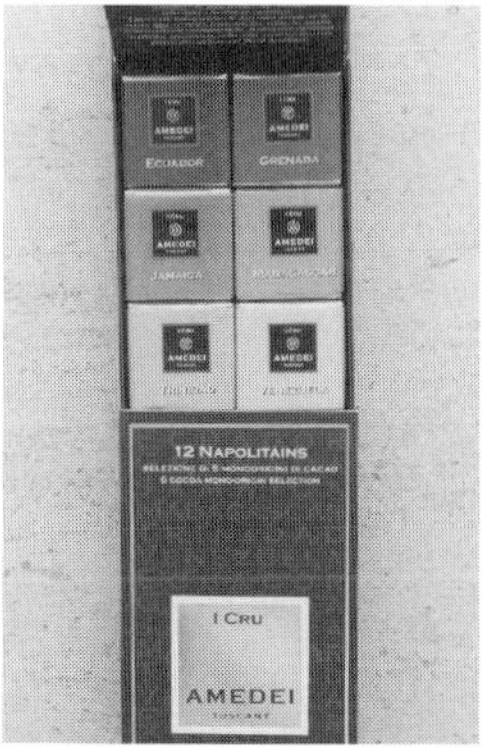

クオカ ショップ
cuoca shop

「テイスティングチョコレート」

カカオの含有率29〜99%　全8種類

お菓子の材料を扱うお店が毎年出しているテイスティングセット。通常1kgほどのパッケージで売られている世界各国のクベルチュール(製菓用チョコレート)が、すべて4gの小さな板チョコになっているので、気になっていたクベルチュールのテイスティングをしたいときにも便利です。セットとしては珍しく、ホワイト1種類とミルク2種類が含まれます。29%、36%、41%、56%、66%、72%、80%、99%と、ホワイトから高カカオチョコレートまで順を追って味わえるように工夫された、とても親切なセット。これなら興味を持ち始めたばかりのビギナーでも楽しむことができますね。

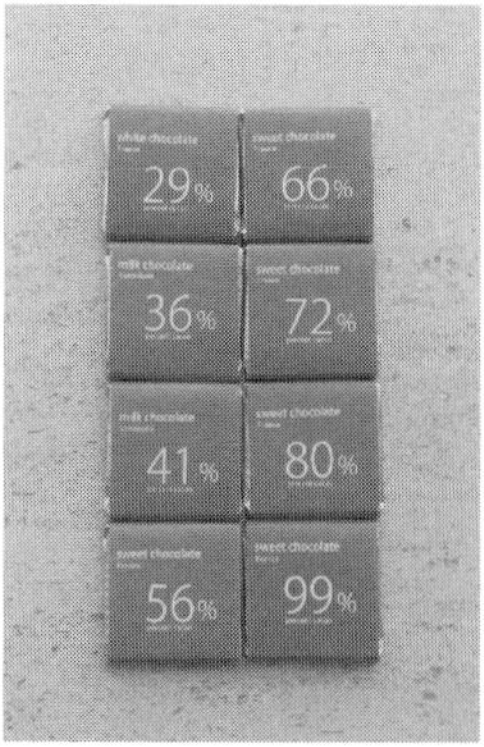

パスカル カフェ
Pascal Caffet

「パレ・ファン(ピュア・プランテーション)」

カカオの含有率70%(コートジボワールのミルクチョコレートを除く) 全6種類(6カ国) ベネズエラ、エクアドル、マダガスカル、パプアニューギニア、ドミニカ共和国、コートジボワール

小さなコイン形をしているので、舌の上にのせるのにちょうどいいですね。どれもパスカルがお気に入りのオペラ社のクベルチュールが使われています。6種類すべてを味わったあとで、再度繰り返してテイスティングができる分量なのと、カカオ分40%のミルクチョコレートも入っているので、ビギナーにも始めやすいと思います。それぞれのチョコレートには1から6までの番号が刻まれていて、番号で産地がわかるようになっていますよ。ブラックの中に1種類だけミルクチョコレートが入っているものは、ウォーミングアップ用として、最初に味わいましょう。

ノイハウス
NEUHAUS

「ナポ オリジン」

カカオの含有率32~74% 全4種類(4カ国) マダガスカル32%(ミルクチョコレート)、ベネズエラ オクマーレ71%、ウエストアフリカ72%、サントメ74%

2006年秋にイメージを一新。産地限定チョコレートのセットも誕生しました。テイスティングの最初は、マダガスカル産カカオを使ったミルクチョコレート。伝統的なベルギーチョコレートのまったりとした味わいがあります。続いてベネズエラ産のオクマーレは、気品のある香りのクリオロ種として知られるカカオ豆で、繊細な味わいがあります。ナッツのような風味のウエストアフリカ産には力強さがあります。最後のサントメ産は、口に入れるとすぐにやわらかい酸味が広がります。それぞれの特徴がはっきりと感じられるので、ビギナーにもわかりやすいセットですよ。

テオブロマ
THÉOBROMA

「キャレ デギュスタシオン」

カカオの含有率41〜90%　全6種類(2カ国、4産地＋ブレンド2種) ベネズエラ「カレネロ(ミルクチョコレート)」41%、ベネズエラ「リオ・カリベ」61%、ベネズエラ「オクマーレ」70%、マダガスカル「サンビラーノ」66%、80%と90%はオリジナルブレンド　※「　」内は産地名

ベネズエラとマダガスカルというヨーロッパで評価の高い2カ国の産地限定チョコレートと、2種類のオリジナルブレンドから成っているので、カカオ分の違いと、産地による味の違いが楽しめます。おもしろいのは、ベネズエラの「オクマーレ」は、マダガスカルの「サンビラーノ」よりカカオ分は高いのに、最初のひと口は「オクマーレ」のほうが甘く感じることです。オリジナルブレンドは、ショコラティエのパーソナリティーが反映されることが多いですね。テオブロマのブレンド80%は、少しシナモンの風味を感じますし、バランスが取れているので食べやすいですよ。

ノカ チョコレート
NōKA CHOCOLATE

「ヴィンテージ・コレクション」

カカオの含有率すべて75%　全4種類(4カ国) ベネズエラ「ビビエンテ」、エクアドル「カルメニァーゴ」、トリニダード「タンボリーナ」、コートジボワール「バンバーラ」　※「　」内は商品名

チョコレートに恋した元会計士のカップルが2004年に始めたのは、産地限定のカカオ豆を使ったレシチンやヴァニラを加えないピュアチョコレートのセット。板チョコですが、ひと粒2.2cm×1.5cm、厚さは4mmとかなり小さめ。カカオ分はすべて同じでも、味わいには強弱があります。私の場合は、ほんわりとココナッツやキャラメルの甘い香りが漂う「バンバーラ」から食べ始め、柑橘類の風味と軽やかさのある「ビビエンテ」、グーズベリーの香りのあるまったりと濃厚な「カルメニァーゴ」と進み、そして若干の酸味とカカオの力強さを感じる「タンボリーナ」で締めたいですね。

●チョコレートの保存法

テイスティングするときには、保存状態が良いチョコレートを使いたいですね。私はチョコレートを通常十五度のワインセラーで保管しています。板チョコの理想的な保管温度は十四〜十八度。粒チョコ「ボンボン・ショコラ」は生クリームが含まれているので、それより少し低い十三〜十五度とされています。そのためワインセラーは保管場所としてもっとも適しているのです。

冷蔵庫で保管することもできますよ。でも冷蔵庫の場合は、別の食材も入れているので、ちょっとした注意が必要になります。チョコレートはまわりのにおいを吸収しやすいので、事前にラップで厳重に包んでから、フリーザーバッグのような密閉できる袋に入れてください。チョコレートが、タバコや香水などにおいのあるものを嫌うことを忘れないでくださいね。

チョコレートをワインセラーで保管するメリットは、温度管理だけではありません。開けるたびにチョコレートの香りがするので、リラックスできて、とてもいい気分になれるのです。ヴィンテージ・ワインもシャンパンも、チョコレートの香りに包まれて、さぞかし嬉しがっているのではないでしょうか。

La Maison de Claudine

料理好きの作家として知られるフランスの女流作家コレット(1873–1954年)。1922年に発表した小説『クロディーヌの家』には、主人公クロディーヌの父の家で、カカオ豆と砂糖とヴァニラで自家製のチョコレートを作っているという話があります。そこに、こんなエピソードがありますよ。

「やわらかい作りたての板チョコのブロックは、家の屋根のテラスに並べて乾燥させていました。朝になると、そこには花がいくつも咲いているような跡が残されていました。それは夜ごと、その上を歩く猫の足跡だったのです」

読んでいるうちに、私の目にはいたずら盛りの仔猫の姿が浮かんでいました。猫足の刻印入り板チョコ。あったらかわいいですね。

05-04 相性の良い食べもの

相性の良いものとして、真っ先に思い浮かぶものにオレンジがあります。砂糖漬けにした柑橘類は一般的にチョコレートと合います。でも、爽やかな甘酸っぱいオレンジとの組み合わせは格別。そういえばフランスで最初のクリスマス休暇を友人の実家で過ごしたときに、私は友人の家族から宝石箱のようにきれいな箱に、ぎっしり詰まったオレンジ風味のチョコレートをプレゼントされたことがありました。口の中に広がるオレンジの華やかな風味が、質の良いチョコレートを一段と引き立て感激の味わいでした。心が弾むのは、そんな楽しい思い出も影響しているかもしれませんね。オレンジピールをチョコレートでコーティングしたものは「オランジェット」と呼ばれ、ショコラティエで定番の人気商品です。私も大好きですが、だれをも虜にしてしまう魅力があります。

こうした食べ合わせや飲み合わせには、フランス語で「結婚」を意味する「マリアージュ」という言葉が、日本でも使われることがあります。マッチングや調和という意味合いがあり、食の世界ではもちろんのこと、色、布などにおいても、重要な役割を果たします。幸せがマリアージュの善し悪しに左右されるのは、結婚に限ったことではありませんよね。

古典的なチョコレートのマリアージュといえば、牛乳、生クリーム、ヴァニラ、そしてナッツでしょうか。十九世紀には、プレーンの板チョコに続いて、ミルクチョコレートや、ナッツ入り板チョコが相次いで作られました。イタリア生まれの「ジャンドゥジャ」も、軽くローストしたヘーゼルナッツをチョコレートに練り込んだもの。ハワイ産の大粒マカダミアナッツ入りチョコレートも有名ですね。ヘーゼルナッツ、アーモンド、くるみ、ピスタチオなどのナッツと、刻んだドライフルーツが薄い円盤形チョコレートにのった「マンディアン」もショコラティエの人気者。賑やかなトッピングは、見た目もおいしそう。いちじく、レーズンなどのドライフルーツも、チョコレートとの相性はとても良いです。生フルーツでは、ラズベリーや洋梨のウイリアム種がお勧めです。

ヴァニラを始め、シナモン、ジンジャー、こしょう、唐辛子といったスパイスは、すでにアステカ時代から知られたマリアージュです。十六世紀ごろからは、さらに砂糖が仲間入り。最近は砂糖だけでなく、黒糖、はちみつ、メイプルシロップ、和三盆入りなどがあり、異なる甘さを楽しむこともできます。

生クリームといえば、ボンボン・ショコラの中身に使われる「ガナッシュ」に欠かせない材料ですね。「ガナッシュ」は細かく刻んだチョコレートに、沸騰させた生クリームを混ぜて作ります。フルーツを煮て裏ごししたピュレやハーブ、スパイスなどで生クリームに風味をつけることで、いろいろな風味の「ガナッシュ」になるのです。生クリームは、チョコレートがいろいろな素材と結婚するためのいわば「仲人」役ですね。コニャックやシャンパンやワインといったアルコール飲料を練り込んだものは、上品な大人の味が魅力です。

先日「和」をテーマにしたチョコレートの国際イベントで、和菓子職人がチョコレートと小豆のこし餡で作った創作和菓子に出会いました。よく見ると羊羹の底に薄く敷いてあるのは「ガナッシュ」ではありませんか。驚きのマリアージュは、意外なおいしさでしたよ。栗と同じように、小豆とも相性がいいのですね。豆といえば、ヨーロッパではチョコレートに、少しヴァニラの風味がある南米原産のトンカ豆を削って入れることがあります。日本ではなじみが薄いのですが、スパイスとして羊料理などの隠し味にも使われるものです。

日本で親しみのあるマリアージュには、ウイスキー・ボンボンで知られる洋酒入りのリキュール・チョコレートがあります。液状のアルコールが入ったものは、カラフルなアルミ箔に包まれることが多いので、詰め合わせの箱の中でも目立つ存在です。日本では六〇年代ごろにかなり広まっていたようです。口の中で外側のチョコレートがくずれると、中から甘い液体が流れ出して、アルコールの香りがほんわり立ちのぼります。この淡い刺激は確かに快感ですね。

キルシュに漬け込んだチェリー入りのボンボン・ショコラも、リキュール・チョコレートの一種です。中身にチェリーがまるごとひと粒入ったものは、熟練したショコラティエの技といえるもの。ボンボン・ショコラから茎だけがピョンと外に出ているのもかわいい。口に入れるとキルシュをたっぷり含んだ酸味のあるチェリーに、とろけたチョコレートがからみ合って、なんとも幸せな気分になります。キルシュに漬け込んだチェリーは、「フォレ・ノワール（黒い森）」と呼ばれるドイツ生まれのチョコレートケーキにも使います。

こんなふうに相性の良い食べものは、まだまだ限りなくありますよ。

05-05
相性の良い飲みもの

飲みものの中でもコーヒー、とりわけエスプレッソとの相性の良さは抜群です。ヨーロッパで食事の締めくくりとして温かい飲みものを注文すると、たいてい小さな板チョコがサービスでついてきます。このサービスはイタリアのナポリが発祥地といわれ、もともとは小さな三角形の板チョコだったそうです。食後のエスプレッソと高カカオチョコレートは、充実した満腹感を味わいながらも、すっきりとした気分で食事を終えるのに最適のマリアージュなのです。エスプレッソとショコラを半々に入れて作る、北イタリア発祥のホットドリンクもお勧めです。チョコレートケーキには、舞台のように長方形をしたコーヒー風味で知られる「オペラ座」という名の「ガトー・オペラ」があります。

チョコレートのテイスティングをするときは、当然のようにチョコレートの風味を邪魔しないミネラルウォーターを選びます。でもマリアージュを楽しむとなれば話は別です。ハーブティー、紅茶、中国茶などは、ボンボン・ショコラのガナッシュに使うくらいなので、チョコレートとの相性は良いですよ。

ガナッシュの香りづけをするときは、天然素材を生かすために、バジルや、アールグレイや、アニスなど、味のはっきりしたものを使うことが多いですよね。でも飲みものとして考えるなら、たまには気分を変えて、ダージリンの春摘みのファーストフラッシュのようにデリケートな紅茶もお勧めです。チョコレートの個性を生かした上品なマリアージュが楽しめることでしょう。

国内外のソムリエが共通して、チョコレートに合うと勧めるアルコール飲料に、南仏ラングドック・ルシヨン地方の天然甘口ワイン「バニュルス」があります。同じ「バニュルス」でもワイナリーや赤、白、ロゼなどの違いで、味はそれぞれ違いますが、一般的には赤との相性が良いと思います。チョコレートと相性の良い甘口ワインとして、とりあえず覚えておくと便利なワインです。スペインとの国境近くの町バニュルスは、海に向かってぶどうの段々畑があって、海側から船で見ると、古代ローマのコロシアムのようで迫力があります。「バニュルス」と同じ地方で生まれる「リヴザルト」や「モーリー」、そしてコート・デュ・ローヌ地方の「ラストー」は、どれもまろやかな甘味とねっとり感がある天然甘口ワインです。特にタンニン（ポリフェノール）を多く含む赤は、高カカオチョコレートにも合います。カカオも赤ワインと同じで、ポリフェノールを含んでいることは、前にもお話ししましたね。マリアージュの基本は「類は友を呼ぶ」なので、同じ要素があるものは、合わせやすいですよ。

ほかにも藁の上で自然乾燥させることで糖度やアルコール度や旨味を高めるフランス東部ジュラ地方の藁ワイン「ヴァン・ド・パイユ」、南西部コニャック地方のぶどう果汁にコニャックをブレンドして作る素晴らしいAOCリキュールワイン「ピノ・デ・シャラント」、フランス各地で産出される天然甘口白ワイン「ミュスカ」、フォアグラ料理に合うことで知られるボルドー地方の有名な中甘口白ワイン「ソーテルヌ」といった個性的な甘口ワイン。さらにポルトガルのリキュールワイン「ポルト」や、スペイン・ヘレス地方の年代物のシェリー酒なども、チョコレートに合うとされています。ここまではすべてアペリティフ用としても飲まれるワインです。

もちろん甘口赤ワインだけでなく、辛口赤ワインとも合います。高カカオチョコレートからチョコレートを使ったデザートまで、アルコール飲料としては、もっとも広い守備範囲で対応できる万能選手ですから。

シャンパンもいいですね。シャンパンとチョコレートは、どちらもクリスマスを始めとする祝い事と密接な関係にあることもあって、人を愉快な気分にさせてくれる不思議な力があります。カカオ分が多いものには、赤ワインか黒ぶどうを加えたピンク色のロゼ。デザートには、ロゼや辛口のブリュットで。

食後酒はフランス語で「ディジェスティフ」。消化促進という意味を持つだけあって、かなりアルコール度の高いものが多いので、高カカオチョコレートと合わせてみてはいかがでしょう。大きくブランデー系と、甘口リキュール系に分けることができますが、どちらとも相性は良いですよ。ブランデー系には、「コニャック」や「アルマニャック」や蒸留酒（オー・ド・ヴィ）などがあります。コニャックであれば、個人的にはフィン・シャンパーニュに合わせるのが好きです。薬草から作られている「シャルトリューズ」というリキュールは、アニスを始めとした緑っぽいハーブの風味が特徴。年代物がいいですよ。「ラム酒」も年代物がお勧め。「グランマニエール」「クアントロ」「マンダリン・ナポレオン」など、オレンジ系リキュールとも相性が良いです。

06 産地限定（オリジーヌ）チョコレート

Chocolat

私がチョコレートに惹かれる理由のひとつには、味覚を通して、未知の国へ旅ができることがあります。チョコレートを味わうことで、カカオが生まれ育った土や、空気や、気候を感じることができるなんて、ステキなことですよね。

カカオの木は、北緯と南緯それぞれ二三度二七分の回帰線の間で育つ熱帯植物ですから、生産国のほとんどは赤道付近にあります。そのため日本人にとっては、あまりなじみのない国も少なくありません。

チョコレートに関心を抱くにつれて、今まで存在すら知らなかった国についても、興味を持つようになりました。私にとって産地限定チョコレートは、まだ訪れたことのないカカオの生産国へと、思いを馳せる楽しみがあるのです。

さあ、今日はどの国へと旅立ちましょうか。

（右と左奥）プラリュPralus　10カ国の産地限定チョコレート「ピラミッド」。すべてカカオ75%
（左手前）ピエール マルコリーニPierre Marcolini　6カ国（7産地）のチョコレートセット「サヴール・デュ・モンド」。すべてカカオ75%

北回帰線と南回帰線の間で、カカオは育ちます

a major* Source
of cacao
the tropic of
cancer
the tropic of
capricorn
Côte d'Ivoire*
Ghana
São Tomé
Java
Tanzania*
Madagascar
Papua New Guinea*

Michel Chaudun & cacao

本物のカカオの実と、ミッシェル・ショーダンがチョコレートで作ってくれたカカオの実。チョコレートの実の中には、ローストしたカカオ豆も入っています

06-01 カカオの木

カカオの木を見たことがありますか？　カカオが通常の植物と違うのは、幹に直接、花や実をつけることです。いくつもの小さなラクビーボールのような形をしたカカオの実が、幹から重そうにぶら下がっている姿は、まるで生まれたばかりの赤ちゃんアザラシが、ママのおっぱいにしゃぶりついているようです。ところどころに赤ちゃんアザラシに交じって、小さくて白い可憐な花も咲いていています。まだ成熟していない実は、小さな唐辛子といったところでしょうか。十八世紀にスウェーデンの植物学者リンネは、カカオの木に「テオブロマ・カカオ」という学名をつけました。これはギリシャ語の「神（theos）」と「食べもの（broma）」を合わせた造語で、「神様の食べもの」を意味します。リンネが命名する前は、カカオの木には、やたら長くて親しみのないラテン語の学名がつけられていました。もしそのラテン語名のままだったら、カカオの学名は今ほど多くの人たちから愛されていなかったかもしれませんね。

06-02
カカオの生産国と消費国

あなたは「チョコレートの産地」として、どんな国が思い浮かびますか。「ガーナ」という商品名のブレンドチョコレートもあるくらいで、一般的に日本ではガーナを思い浮かべる人が多いようです。それもそのはず、日本はガーナからの輸入量がもっとも多いのです。二〇〇五年は一年間で三万一三二四トンものカカオをガーナから輸入したそうですよ。

ところで二〇〇五年から二〇〇六年にかけて、カカオ豆の生産量が世界でもっとも多かったのは、どの国だと思いますか。答えはコートジボワールです。スイスに本部を置く国連貿易開発会議（UNCTAD）の資料によれば、第一位のコートジボワールは、世界の総生産量の三八%も占めているのです。第二位はガーナで一九%。第三位のインドネシアは一三%、続くナイジェリアとブラジルとカメルーンがそれぞれ五%、エクアドル四%、マレーシア一%。そして残り一〇%をその他の国々が分かち合っています。

二〇〇四年から二〇〇五年にかけてのカカオ豆の主要消費国の割合を見て驚いたのは、日本が世界第六位に入っていること。チョコレート王国といった印象のあるベルギーの消費が、日本の三分の一ほどしかないのは意外でした。日本のチョコレート消費量が、いかにすさまじい勢いで増えているかということですね。ちなみに消費国の第一位はアメリカ合衆国で三二・九%。第二位ドイツ一一・一%。第三位フランス一〇・四%。第四位英国九・三%、第五位ロシア七・七%、そして第六位の日本は六・四%。そのあとにイタリア四・六%、スペイン三・八%、ブラジル三・七%、カナダ二・七%、ポーランド二・六%、メキシコ二・五%、ベルギー二・二%が続いています。

06-03
「オリジーヌ」ってなに？

ある特定の国のカカオ豆だけを使って作られたチョコレートは、国名の前にフランス語の「オリジーヌ」とか、「ピュアオリジーヌ」と表示されています。これは英語の「オリジン」と同じく「原産地」を意味する言葉で、「ピュアオリジーヌ ベネズエラ」と表示されていれば、「ベネズエラ産カカオ豆だけで作られたチョコレート」ということです。「シングルビーンズ」とも言います。

さらにカカオの産地や農園を特定したものは、銘柄ワインのように「クリュ」「プルミエクリュ」「グランクリュ」と呼ぶこともあります。こうした産地限定チョコレートは、ワインのようなテイスティングの楽しみ方ができますよ。ところでコンビニなどで売られる日本のチョコレートの中には、産地名が大きく表示されていても、別の産地のカカオとブレンドしているものがあります。こうしたチョコレートは、当然ながら「ピュアオリジーヌ」とは言えませんね。

このあたりでカカオの品種を覚えてみませんか。産地限定チョコレートは、カカオの品種によって味が大きく違ってきます。地球上のカカオは、クリオロ種、フォラステロ種、トリニタリオ種という三種類のいずれかに分類することができるとされるので、知っていると便利です。スペイン語で「その土地生まれ」を意味するクリオロ種は、味も香りも他の品種より優れているのですが、生産量が極めて少ないため稀少価値が高いものです。「よそ者」という意味のフォラステロ種は、表面がつるりとして丸みのある実をつけます。三種の中で生産量がもっとも多く、全体の八五%を占めます。トリニタリオ種は、クリオロ種とフォラステロ種の交配種なので、両方の長所を兼ね備えています。

ワインのぶどうと同じように、カカオ豆も産地や品種だけでなく、育て方や、収穫後の処理、発酵や乾燥の仕方など、出荷前のさまざまな条件によって風味は異なってきます。さらに焙煎を始めとする製造工程によっても差が出るため、産地や品種が同じであっても、メーカーによって違った特徴を持つチョコレートに仕上がるのは珍しいことではありません。嬉しいことに、農園と契約を結んで、上質な豆を育てるところから取り組むチョコレートメーカーも増えています。まずは、気になる「オリジーヌ」から食べ始めてみましょうか。

06-04
ベネズエラ

カカオ豆はブレンドチョコレートのベースとして使う「ベースビーンズ」と、風味づけの「フレーバービーンズ」に分けられるのですが、ベネズエラは香りが良く、香りの種類も豊富なフレーバービーンズの産出国として知られます。生産量は少ないのですが、オリノコ川流域は古代文明が栄えた時代から知られたカカオの産地。古代マヤの時代から受け継がれた上質なクリオロ種が、今もわずかながら残っています。多くのメーカーがラインナップに加えていることもあって、「ピュアオリジーヌ ベネズエラ」は全体に質が高いのも魅力です。

産地は大まかに四地域に分けられます。すべてベネズエラの北部にあって、そのほとんどがカリブ海の沿岸近くにあります。クリオロ種のカカオ豆では、チュアオ、チョロニ、オクマーレ、ポルセラーナなど、日本にもファンの多いブランド豆があります。またトリニタリオ種では、スール・デル・ラーゴ、カレネロ・スペリオール、リオ・カリベ・スペリオールなどが人気ですよ。

【ベネズエラ】
Venezuela

（右上から）
ドモーリ「ポルセラーナ」70%
デルレイ「ベネズエラ」72%
ラ・メゾン・デュ・ショコラ「オリノコ」60%
ヴァローナ「アラグアニ」72%
アメディ「ポルチェラーナ」70%
アメディ「チュアオ」70%
ピエール マルコリーニ「タブレット ベネズエラ」72%
●ブランド名、「商品名」、カカオ含有率の順に表記しています。

06-05
その他の中南米とカリブ海の国々

メキシコ南東部のチアパス州にある「ソコヌスコ」は、カカオの起源との説もあるほどで、十六世紀ごろから最高級カカオ豆の産地として知られています。そもそもクリオロ種はメキシコやグアテマラなどの中米から南米北部にかけて、またフォラステロ種はアマゾン川流域が原産とされているのです。

南米でベネズエラに次いで人気のオリジーヌはエクアドル。エクアドル豆はフォラステロ系ですが、従来のカカオ豆の品種とは別にナショナル種として扱われるほどです。「フローラル・アロマ」と呼ばれる花の香りがあってお勧め。珍しいのは、ペルー産のトリニタリオ種で甘い香りのアプリマックでしょうか。

カリブ海で重要なのは二つの島からなるトリニダード・トバゴ共和国。特にトリニダード島は十八世紀の初め、同島のクリオロ種が絶滅の危機に瀕したときに、急遽フォラステロ種を移植して、クリオロ種とフォラステロ種の交配種「トリニタリオ」が誕生した歴史的な島でもあります。

【その他の中南米とカリブ海の国々】
Latin America & The Caribbean Sea

（右上から）
【ドミニカ】トシ・ヨロイズカ「サンドミンゴ」67.6%
【メキシコ】ピエール マルコリーニ「ポルチェラーナ」72%
【カリブ海】ヴァローナ「ピュア カライブ」66%
【ペルー】ドモーリ「アプリマック」70%と100%
【コロンビア】ジャン=ポール・エヴァン「コロンビア」
【エクアドル】リンツ「エクセレンス・オリジン エクアドル」75%
【キューバ】リンツ「エクセレンス・オリジン キューバ」55%
●生産地名、ブランド名、「商品名」、カカオ含有率の順に表記しています。

06-06
アフリカ、アジア、オセアニア

アフリカ大陸の東側にあるマダガスカルは、『星の王子さま』の舞台となった巨木バオバブのある島国。島といっても日本の一・五倍もあり、カカオの多くを北西部で栽培しています。稀少価値の高いクリオロ種の遺伝子を多く含むカカオ豆の栽培に力を入れているため注目を集めています。赤褐色の豆なので、ブラックチョコレートでもやや赤味がかっています。特に人気はトリニタリオ種のサンビラーノで、いろいろなメーカーのものがあります。

アフリカ大陸の西側には、サントメとプリンシペという二つの島からなる国があります。聖トマスのポルトガル名「サントメ」と名づけられたほうがカカオの島です。サントメ産カカオ豆はフルーティーな味わいです。

カカオ豆生産量アジア一を誇るジャワ島。マダガスカルと同じように、クリオロ種の遺伝子を含む赤味のある豆が育ちます。この豆はアジアで、もっとも質の高いフレーバービーンズとして主にヨーロッパで愛されています。

【アフリカ、アジア、オセアニア】
Africa,Asia&Oceania

（右上から）
【パプアニューギニア】ル ショコラ ドゥ アッシュ「ラカトイ」70%
【マダガスカル】リンツ「エクセレンス・オリジン マダガスカル」65%
【サントメ】ジャン=ポール・エヴァン「サントメ」
【マダガスカル】ル ショコラティエ タカギ「サンビラーノ」72%
【タンザニア】トシ・ヨロイズカ「タンザニア」73%
【サントメ】ミッシェル・クリュイゼル「サントメ」67%
【ジャワ】ピエール・エルメ・パリ「ピュアオリジーヌ ジャワ」75%
●生産地名、ブランド名、「商品名」、カカオ含有率の順に表記しています。

06-07 ヴィンテージチョコレート

ワインのように産地と農園、カカオ豆の収穫年度を限定したチョコレートがあるのをご存知ですか。

一九九八年、世界で初めてカカオ豆の収穫年度と農園を限定したチョコレートが誕生しました。それはトリニダード島のサンフォアンにあるグランクヴァ農園のトリニタリオ種のカカオ豆を使ったもので、アゴスティーニ家が何代にもわたって作り続けてきたものでした。その後、マダガスカル産やベネズエラ産にも、農園と収穫年度を限定したチョコレートが登場するようになりました。

収穫年度の違う同じ農園のチョコレートを保存して食べ比べてみたところ、年度によって味に微妙な違いがありました。同じ農園のカカオ豆からできたチョコレートなのに、収穫年度によって味が違うなんて驚きですよね。

【カカオ農園限定のヴィンテージチョコレート】
Vintage chocolate

産地と農園とカカオ豆の収穫年度を指定したチョコレートは、
毎年11月中旬にその年のヴィンテージ入りで登場。
右上からベネズエラのパルミラ農園産「パルミラ」、
トリニダード島のグラン・クヴァ農園産「グラン・クヴァ」、
マダガスカルのミロ農園産「アンパマキア」の3種(単品)。
すべてカカオ64%。2006年度版。
左は3種類の農園限定のヴィンテージチョコレートが各2枚ずつ計6枚と
「カカオの旅の手帳」が木箱に入った限定セット

06-08
オーガニックチョコレート

カカオ含有率、産地、ヴィンテージなど、その種類が増えるにつれ、質のいいオーガニックチョコレートも充実してきました。私は本格的な自然食を実践しているわけではありませんが、普段からオーガニック食品を利用することにしているので、おいしいオーガニックチョコレートが増えるのは嬉しいことです。

カカオは強い直射日光に当たることを好まないので、バナナやマンゴーの木などカカオが日陰になるための「シェードツリー」と呼ばれる大きな樹木が必要となります。昔ながらの方法で、広い敷地にフルーツの木を交ぜながら、ゆったりとカカオの木を植えることで、防虫剤や農薬は必要ない、といいます。

問題は効率よくカカオを収穫するために、シェードツリーを植えないで、カカオの木だけを密集させて植えてしまうこと。自然界のバランスが壊れて薬に頼ることになってしまわないように、チョコレート作りをする人は環境にも配慮してもらいたいものです。

【オーガニックチョコレート】
Organic chocolate

(右上から)
トシ・ヨロイズカ「カオカ」エクアドル産カカオ80%
ダゴバ「エクリプス」87%、「コナカド」ドミニカ産カカオ73%、
「ニュームーン」74%
セモア「ダークチョコレート カカオ70%」
ヴァローナ「カオグランデ・ノワール」70%、「カオグランデ・レ」39%
地球食チョコレート「ノワール」55%(71%の「ネロ」もある)
●ブランド名、「商品名」、カカオ含有率の順に表記しています。
※カオカ(仏)とダゴバ(米)は、オーガニック専門のチョコレートメーカー。
カオカの板チョコサイズは、トシ・ヨロイズカで購入可能。

07 フランスのショコラ

Chocolat

私がチョコレートの虜になったきっかけは、パリ暮らしでした。繊細で軽やかな質の高いチョコレートに出会って、今まで味わったことのない味に衝撃を受けたのです。チョコレート専門職人「ショコラティエ」の存在も、パリで初めて知りました。そもそも南米からスペインに渡ったチョコレートは、スペインとの国境に面したフランス南西部バスク地方にある生ハムで有名なバイヨンヌで盛んに作られるようになりました。十五世紀にスペインやポルトガルで迫害されたユダヤ教徒がバイヨンヌに逃れて、チョコレートで生計を立てるようになったからです。その後、七〇年代後半から再び頭角を現してきたフランスのショコラティエは、八〇年代末にはスイスやベルギーに抜きん出て、世界でもっとも洗練されたおいしいチョコレートを作るようになっていたのです。

パリのエッフェル塔と、ジャン＝ポール・エヴァンJean-Paul Hévinがチョコレートで作ったエッフェル塔

07-01 王妃のショコラティエール

チョコレートを飲む習慣は、南米からカカオとともにスペインへと持ち帰られ、やがてヨーロッパの王侯貴族を中心に広まりました。アステカ帝国と同じように、フランスでも革命までは、特権階級だけが楽しめる高貴な飲みものだったのです。そのため十七世紀から十八世紀にかけて、フランスではチョコレートを優雅に楽しむため、金や銀、陶器で専用の食器が作られたのです。これらの食器は、使いやすいようにさまざまな工夫がされていました。

チョコレート専用ポットは「ショコラティエール」といいます。この時代はふたの部分にチョコレートを攪拌する棒が差し込めるようになっているものが多くありました。またカップの受け皿は、歓談中にカップがひっくり返って服を汚すのを防ぐために、カップをはめ込めるように工夫されていました。手に持っていると小動物が震えているようにカタカタ音を立てることから、受け皿つきの専用カップは「小心者」を意味する「トランブルーズ」と呼ばれました。

スペインからフランス国王ルイ十三世のもとに嫁いだときに、ショコラティエも同行させたアンヌ・ドートリッシュを始め、同じくスペインからフランス国王ルイ十四世のもとに嫁いだマリア・テレサ、ルイ十五世の妃マリー・レクザンスカ、ルイ十五世に寵愛を受けたポンパドール夫人やデュ・バリー夫人、そしてルイ十六世の妃マリー・アントワネットなど、フランス宮廷にはチョコレート好きなことで知られる貴婦人たちが多くいたのです。

パリのルーヴル美術館には、ルイ十五世が妃レクザンスカに贈った華やかな装飾がほどこされた鍍金の銀製ショコラティエールを始め、さまざまなショコラティエールが展示されています。王妃たちに愛された優美なショコラティエールは、宮廷に生きる女性たちにとって愛の象徴といえるものだったのです。

マリー・アントワネットの旅行用の食卓セット一式を収めたトランクもあって、その中には旅行用の小さめのショコラティエールもあります。このトランクはフランス革命が勃発する少し前に作られたようですから、家族で国外へ逃亡をはかった際にも携帯していたかもしれませんね。彼女がいかにチョコレートを愛していたかがうかがい知れる貴重な遺品です。

「昼食」フランソワ・ブーシェ　1739年作　ルーヴル美術館収蔵
ロココ時代の華麗な宮廷装飾画家ブーシェが描いた
当時のブルジョワ家庭の日常風景。
ホットチョコレートを飲む様子を描写した珍しい作品です

矢車菊と真珠が好きだった王妃マリー・アントワネットの命により、1782年1月2日にヴェルサイユ宮殿に納められた陶器製ショコラティエール一式の復刻版。私の大切なコレクションです

18世紀の陶器製ショコラティエールの復刻版

1907年製ハビランドHavilandの陶器製ショコラティエール

07-02 フランスのチョコレート愛好会

フランスには私もメンバーになっている「ル・クラブ・デ・クロクール・ド・ショコラ」という、フランスを代表するチョコレート愛好会があります。このユニークな愛好会について、ご紹介しましょう。

略称はCCC。一九八一年に、現在クラブの名誉会長を務める料理評論家のクロード・ルベを中心とする美食家とジャーナリスト仲間六人によって、設立されたのが始まりです。メンバーには、デザイナーのソニア・リキエルを始め、作家、ジャーナリスト、クリエーター、有名ショコラティエやパティシエなどが名を連ねています。通常の愛好会と大きく異なる点は、会員数を百五十名に限定しているため、簡単にはメンバーになれないことです。そのため無断でこのクラブの海外支部を名乗る団体も出現するほどです。

このクラブの驚くべきところは、年四回ほどの定例会で、真剣にチョコレートのテイスティングをして、まるで時事評論でもするかのように分析して語ることにあります。ジャーナリストや料理評論家、作家が中心となって組織されていることもあって、フランスの国技ともいえる批評精神で、政治や経済や文学のようにチョコレートについて議論を交わすのです。たかがチョコレートなのに、などと言わないでくださいね。そんな軽率な発言をしようものなら、料理界の重鎮クロード・ルベ名誉会長から容赦ない叱責の声が飛びますよ。

三年ほど前に、名誉会長を含む十人ほどの古株メンバーと、三人の日本人ショコラティエのボンボン・ショコラを各五種類ずつ非公式にテイスティングしたことがあります。通常テイスティングをするのはヨーロッパ圏のチョコレートばかりなので、好奇心旺盛なメンバーは初めて味わう日本人ショコラティエの職人技に興味津々。真剣な表情で味わい、評価を書き留めていました。メンバー全員のチョコレートをひとりで用意するのには限界があったので、定例会での公式なテイスティングではありませんでしたが、初めての試みではとてもおもしろい結果が出ました。三人ともかなりいい評価をもらいましたよ。

これからも機会があれば、日本人ショコラティエのボンボン・ショコラをフランスに紹介していけたら、と思っています。

(写真上)パリのチョコレート愛好会「ル・クラブ・デ・クロクール・ド・ショコラ(CCC)」の首脳メンバー。右から、イレーヌ・ファラン(作家)、CCCの創立メンバーのひとりクロード・ルベ名誉会長(出版社経営、料理評論家)、ソニア・リキエル(デザイナー)、著者、ジャン・コラネリ元事務局長

(写真中)真剣にテイスティング中。ルベ名誉会長はマイナイフでチョコレートをカット

(写真下)CCCの定例会

レ・ザンバサドールLes Ambassadurs（レストラン名）
ブルラのチェリー フォレ・ノワール風
Cerises Burlat à la façon d'une forêt noire（デザート名）

パリの「ホテル・クリヨン」内にあるレストラン「レ・ザンバサドール」のデザート。伝統的なチョコレートケーキ「フォレ・ノワール」を組み立て直したもの。見栄えも味わいも軽やかで、とても現代的な仕上がりです

07-03
レストランのチョコレートデザート

レストランでは店内の雰囲気はもちろんのこと、テーブルセッティングを味わうのも楽しみのひとつ。デザートの前に、食事中にテーブルクロスの上に残されたパン屑を取り除くだけでなく、劇場で幕を開けたまま次の舞台の準備をするかの如く、目の前で、食器、カトラリー、ナプキン、ナプキンホルダーなど、テーブルセッティング全体を別のものに替えてしまうところがあります。そんな演出の効果はてきめん。すでにおなかはいっぱいなのに、次の幕開けを想像して、なんだかウキウキしてきてしまうのですから。そのうえ、レストランのデザートは、移動がほとんどないので、温度差のあるものとか、芸術性が高くデリケートなものも可能なだけに、期待も大きくなるというわけです。

ところで十年ほど前からフランスの高級レストランでは、おもしろい試みをするシェフが増えてきました。それは昔から愛されてきた伝統的なフランス料理を一度分解して、そのあとに同じ素材を使って再び組み立て直すこと。こうすることで現代的な味わいの洗練された料理なのに、どこか懐かしさや親しみを感じる料理が生まれるのです。つまり日本の「肉じゃが」を例にとったら、基本的な味つけと、肉とじゃがいもと玉ねぎといった肉じゃがに必要な食材や親しみやすさは生かしながらも、見た目も味わいもまったく新しい料理を作るということです。これはたとえ話なので、フランスのレストランで肉じゃがを出すことは、もちろんないのですが。

デザートも同じように、古典的デザートが現代によみがえることがあります。パリのホテル・クリヨン内にあるレストラン「レ・ザンバサドール」のチョコレートのデザート「フォレ・ノワール」もそんな一品でした。三五ページでもご紹介した「黒い森」という意味の「フォレ・ノワール」は、もともとはドイツのお菓子がフランスで市民権を得たものです。このケーキのポイントとなるのは、キルシュやブランデーに漬けたチェリー、生クリーム、スポンジ生地、そしてチョコレート。それを現代風に組み立て直したのです（一六一ページ参照）。メニューに書かれた名前から想像していたものと、まったく異なるデザートの登場はとても印象深く、嬉しい驚きと、おいしさがありました。

タイユヴァンTaillevent（レストラン名）
ショコラとキャラメルのクロカン
Croquant au chocolat et au caramel（デザート名）

1973年以来、３ツ星を守り続けているパリの名門レストラン「タイユヴァン」のデザート。チョコレートとキャラメルの２種類のムースのマリアージュが楽しめます

ル・ルイ・キャーンズ、アラン・デュカス
Le Louis XV, Alain Ducasse（レストラン名）
ルイ・キャーンズLouis XV au croustillant de pralin（デザート名）

モナコ公国の豪奢な「ホテル・ド・パリ」内にあるレストラン「ル・ルイ・キャーンズ、アラン・デュカス」を代表するチョコレートのデザート。デザートのときは、ブルーを基調としたデザート用のテーブルウエアでいただきます

07-04
高級レストランのチョコレート料理

チョコレートはデザートだけでなく、料理に使ってもおいしいですよ。スパイスの効いたチョコレートソース「モレ・ポブラノ」を鶏肉にたっぷりとかけたメキシコの伝統料理をご存知ですか。トロリとした食感とスパイシーな風味が、クセになるおいしさです。まだ味わったことがなければ、機会を見つけてぜひとも食べてみてくださいね。

フランスでは十七世紀に料理人マシアロの料理本に、すでにチョコレートをスパイスとして使ったレシピが登場します。飲むチョコレートと同じ時期に、スパイスとしてのレシピも、ヨーロッパに伝わったのかもしれませんね。今もフランスでは、野うさぎ、野鴨、野鳩などのジビエ料理や、南西部ボルドーの郷土料理で鰻の赤ワイン煮などに隠し味として使っていますよ。

パリのホテル・ムーリスの総料理長ヤニック・アレノに、どの料理にもカカオかチョコレートを使うというルールで、チョコレートのフルコースを作ってもらいました。二〇〇三年秋に現職に就任して、わずか半年でミシュランの二ツ星を獲得して以来、世界中のマスコミから注目を集めるシェフです。

チョコレートに負けないような風味の食材ということで選ばれたのは、ポワローと白トリュフ、フォアグラ、オマール海老、野鳩といった食材でした。チョコレート料理に関しては、これまでもピエール・ガニエールを始めとしたフランスで話題のシェフに、何品かを作ってもらったことがありました。食材には鳩や鴨といったジビエか羊が選ばれることがほとんどでした。実際に食べると、チョコレートによって素材が引き立てられ、とても良いマリアージュだということがわかります。今回、初めて味わったポワローのムースは、バターの代わりにカカオバターで仕上げ、そこに香ばしいナッツの香りのするアラゴンオイルと白トリュフを合わせるという斬新なアイデアです。プリプリしたオマール海老入りのラヴィオリも、フュメとショコラソースが絶妙です。チョコレートのフルコースは、どれも繊細で新鮮な驚きにあふれた予想以上に素晴らしい味わいでした。家庭でも、カレーとか肉の煮込み料理の隠し味として応用できると思います。試してみてはいかがでしょうか。

01

02

03

04

Menu Tout Chocolat
Par Yannick Alleno

Le Meurice

フランスで注目の若手シェフ、パリのホテル・ムーリスの総料理長ヤニック・アレノが特別に作ってくれたチョコレートづくしのフルコース。

０１（アミューズ・ブーシュ）
バターの代わりにカカオバターを使って仕上げたポワローのムースに、モロッコ産アラゴンオイルをたらして、白トリュフをあしらいました
０２（前菜）
フォアグラにカカオ70%の粒状ブラックチョコレートをところどころに差し込んでロースト。鴨の焼き汁をかけました。甘酸っぱいかぶとレーズンを散らして
０３（魚料理）
セロリアックとオマール海老のラヴィオリ。ソースはオマール海老のフュメ、赤ワイン、61%のブラックチョコレートを合わせたもの
０４（肉料理）
カカオのグリュエとオレンジ・コンフィをつけた野鳩のロースト。クリーム状にした根菜トピナンブール、とうもろこしの粉で作るポレンタといった、大航海時代に南米から持ち込まれた食材を使ったロマンあふれる料理
０５（デセール）
レモン・コンフィ入りの爽やかなブラックチョコレートのケーキとアイスクリーム
０６（ミニャルディーズ）
左からチョコレートガナッシュを挟んだメレンゲ。ムース・オ・ショコラ。カカオの実をかたどったチョコレートに入ったパッションフルーツのソース

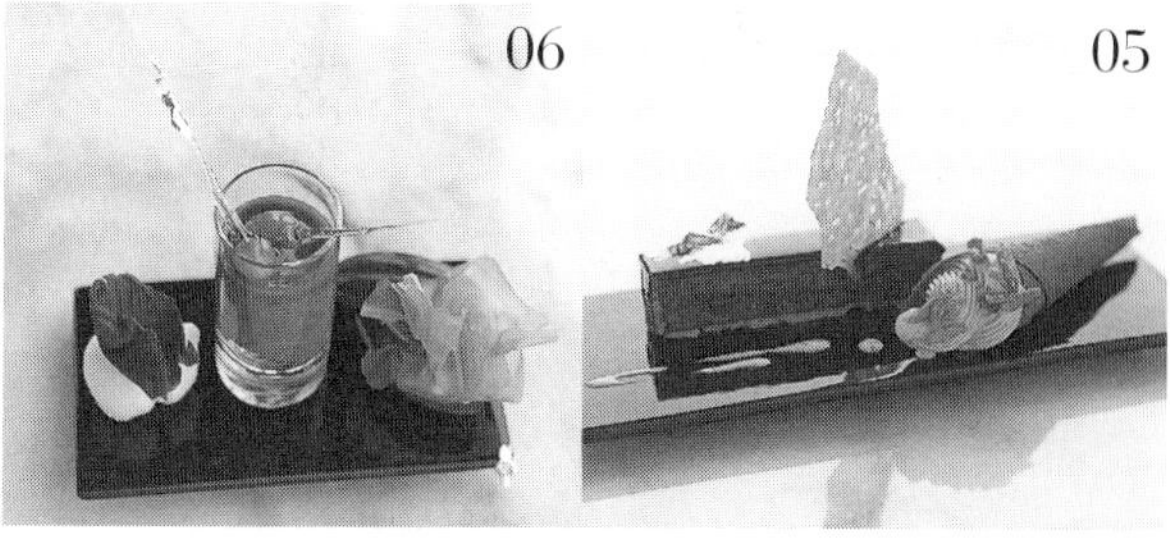

０５と０６はパリのホテル・ムーリスのシェフ・パティシエ、カミーユ・ルセックのデザート

おわりに

チョコレートはいわゆる「お菓子」の仲間というより、どちらかといったらワインとかシガーのような嗜好品に近いと思います。チョコレートでまわりをコーティングされたボンボン・ショコラの中身が知りたくなるように、扉を開けて進めば進むほど、つまり知れば知るほど、さらなる探究心が芽生えてきてしまいます。そんなところも、ワインのソムリエになるのと似ていますよね。

パリでチョコレートに魅了されて、目の前に次々に現れる扉を夢中で開くうちに、私もいつの間にかかなり奥深くまで、チョコレートの世界に入り込んでしまったようです。現実の世界に住んでいない私は、身内からは「ショコラの国のお姫さま」と、あきれ顔で呼ばれる始末。でも美と健康とダイエットの心強い味方で、いつも幸せな気分でいられるのですから、チョコレートに夢中にならないわけがないですよね。そのうえチョコレートのおかげで、普通だったら開きそうもない扉が開くこともありました。チョコレートが好きだと言った途端に、相手が心の扉まで開いてくれて、知らない間にお友だちになっていたとか、不可能に思えたことが実現したという経験はないですか。チョコレートには、そんな「どこでもドア」のような魔法の働きもあるのです。

私が七年ほど前にパリから帰国したころは、ショコラティエが丹誠込めて作る粒チョコ「ボンボン・ショコラ」がようやく日本にも入り、たまに「ショコラ」という言葉も目にするといった程度でした。ところがショコラティエが作る高級ショコラが注目を集めるようになり、海外の人気ブランドが相次いで日本に出店したことで、この二つの外来語はあっという間に市民権を得てしまいました。今やスーパーやコンビニでも「ショコラ」という表示が躍るほどです。そして今度は、今まで業務用として流通していた産地別のチョコレートまでが一般化し始めました。皆がどんどんチョコレートの世界の扉を開いてくれるおかげで、日本でもチョコレート文化が確実に育まれているのを感じます。

この本を通して、あなたの暮らしが、ほんの少しでもチョコレートで豊かなものになったと感じてもらえたなら、これほど嬉しいことはありません。

二〇〇六年十二月　銀座の自宅にて　小椋三嘉

タイユヴァン
Taillevent
○15 rue Lamennais, 75008 Paris　☎(+33フランス) 01 44 95 15 01

ル・ムーリス
Le Meurice
○228, rue de Rivoli 75001 Paris　☎(+33フランス) 01 44 58 10 55

【ファッションブランドのチョコレート】

ベージュ アラン・デュカス 東京
BEIGE ALAIN DUCASSE TOKYO
○東京都中央区銀座3-5-3 シャネル銀座ビルディング10F　☎03-5159-5500

グッチ カフェ
GUCCI CAFE
○東京都中央区銀座4-4-10 グッチ銀座ビル4F　☎03-3562-8112

アルマーニ ドルチ
ARMANI/DOLCI
○東京都千代田区丸の内3-2-3 富士ビルディング1F　☎03-3216-6468

ミカのアドレス帳は182ページから始まります

【フランスのチョコレート】

ホテル・プラザ・アテネ
Hôtel Plaza Athénée

○25, avenue Montaigne 75008 Paris　☎(+33フランス) 01 53 67 66 67
ティーサロンのギャラリーゴブランでは、ホットチョコレートを始め、季節のパティスリーが楽しめます

La pâte à tartiner《Plaza Athénée》

21ページでご紹介した
プラザ・アテネのチョコレート・スプレッドの作り方

●材料(4人分)
生クリーム　125ml
砂糖　35g
「グアナラ」ヴァローナ1(カカオ70%のチョコレート)　50g
「ジャンドゥジャ・ノワゼット・レ」ヴァローナ2(ヘーゼルナッツをミルクチョコレートに練り込んだもの)　125g

●作り方
生クリームと砂糖を合わせて沸騰させます。2種類のチョコレートを細かく刻み入れ、泡立て器で攪拌。つややかな状態になったら出来上がり。

ル・ルイ・キャーンズ、アラン・デュカス
Le Louis XV-Alain Ducasse

○ホテル・ド・パリHôtel de Paris内
Place du Casino MC 98000 MONACO　☎(+377モナコ) 98 06 88 64

レ・ザンバサドール
Les Ambassadurs

○ホテル・クリヨンHôtel Crillon内
10, Place Concorde 75008 Paris　☎(+33フランス) 01 44 71 16 16

【チョコレートカフェ】

100%チョコレートカフェ

100%ChocolateCafe.

○東京都中央区京橋2-4-16 明治製菓本社ビル1F　☎03-3273-3184

産地限定チョコレートは22種類あり、カカオ分はすべて62%。高カカオ2種類、さらに和三盆、黒糖、はちみつ、メイプルシロップを使ったシリーズなど、34種類のバラエティーチョコを合わせると、なんと56種類もの品ぞろえ。なかにはチュアオ、オクマーレ、チョロニといったクリオロ種で知られるブランドカカオ豆を使ったチョコレートもあって嬉しくなります。新たに200g入りの手作り用の産地限定チョコレート（ネットショップ限定販売）も加わって、56種類のチョコレートは店頭だけでなく、通販でも購入できるようになりました。100%チョコレートカフェ コンタクトセンター☎0120-100-821 9:00~21:00 ※年末年始は除く
www.choco-cafe.jp

※明治製菓では、産地限定チョコレートのことを、「シングルビーンズ」と呼んでいます。

【クベルチュール、製菓材料】

ヴァローナ ジャポン
Valrhona Japon

○東京都千代田区九段南2-9-4 久保寺ツインタワービル6F ☎03-5215-2303
ヴァローナの製品、製菓材料を扱っています

サンエイト貿易
Sun-eight Treading co.,Ltd

○東京都千代田区平河町1-4-5 ☎03-3221-0441
ヴァローナの製品、製菓材料を扱っています

フレンチF&B
French F&B

○www.frenchfb.com
ヴェイスの製品、製菓材料を扱っています

前田商店
Maeda Shoten

○大阪府大阪市中央区瓦屋町1-4-5 ☎06-6762-1991
カレボーの製品、製菓材料を扱っています。
業務用クベルチュールの小売り(1.5kgから)もしてくれます

クオカショップ自由が丘
Cuoca Shop Jiyugaoka

○東京都目黒区緑が丘2-25-7 ラ・クール自由が丘1F ☎03-5731-6200
スウィーツの食材&道具専門店。日本初のチョコレート専用セラーがあり、セラーの中には、国内外のクベルチュールが眠っています www.cuoca.com

【チョコレートのエステ】

ホテル・フォーシーズンズ・ジョルジュ・サンク
Hôtel Four Seasons George V

ホテル内のスパ
○25, avenue George V 75008 Paris ☎(+33フランス) 01 49 52 70 00

トシ・ヨロイズカ
Toshi Yoroizuka

○東京都渋谷区恵比寿1-32-6　☎03-3443-4390
丸ごと入った香ばしいナッツの歯ごたえと、濃厚なショコラが口の中でワルツを踊るような「ジャン・ピエール」などのチョコレートケーキはお勧めです。2007年3月末、東京ミッドタウンにデザートが食べられる店がオープン予定

ガレー ショコラ・テ
Galler CHOCOLAT - THE

○東京都千代田区有楽町2-5-1 有楽町西武百貨店ファッション館2F
☎03-3287-9024
在日ベルギー王国大使館公邸で、ガレーの70%チョコレートで作ったソースを添えた平目料理と、カカオとオレンジ風味の鴨料理をいただいたことがあります。70%の板チョコで作るソースは、特に鴨料理と相性がいいようです

パティスリー・サダハル・アオキ・パリ
Pâtisserie Sadaharu Aoki Paris

○東京都千代田区丸の内3-4-1 新国際ビル1F　☎03-5293-2800
伊勢丹新宿店にもあります。2007年3月末、東京ミッドタウンに出店予定
○56, bd.de Port Royal 75005 Paris　☎(+33フランス) 01 45 35 36 80
ラム酒がほんのり香るくるみ入りの「レックショック」やアーモンドと濃厚なチョコレートのハーモニー「ショコラ・オ・ザマンド」など、チョコレートケーキがお勧めです。チョコレートの焼き菓子は贈り物にしても喜ばれます

ラデュレ
Ladurée

○21, rue Bonapartre 75006 Paris　☎(+33フランス) 01 44 07 64 87
プルーストの小説の世界を彷彿させる貴族的インテリアのティーサロンや、季節ごとに発表される新作スウィーツやマカロンやチョコレート、それにパッケージの可愛さも人気です。映画『マリー・アントワネット』(配給 東宝東和・東北新社)のスウィーツを担当したことでも話題を呼びました

エコール・クリオロ
École Criollo

○東京都豊島区要町3-9-7　☎03-3958-7058
○東京都中央区銀座6-10-1 松坂屋銀座店B1F　☎03-3572-1111(代表)
定番のボンボン・ショコラに加えて、和の食材やお酢などをショコラに練り込んだ変わり種もあります。私は秋限定で登場するマロンペーストと生チョコのマリアージュ「生チョコモンブラン」が気に入っています

ル ショコラ ドゥ アッシュ
Le Chocolat de H

○東京都港区六本木6-12-4 六本木ヒルズ けやき坂通り　☎03-5772-0075
黒トリュフ入りの贅沢なボンボン・ショコラは、黒トリュフとブラックガナッシュのセクシーなマリアージュが楽しめます。愛する人に贈りたいチョコレートですね

ショコラ モンサンクレール
Chocolat Mont St. Clair

○東京都目黒区自由が丘2-22-4　☎03-3718-5200
カカオ分の多い本格派好みのものから、フルーツやハーブ、スパイスを練り込んだもの、和三盆や抹茶といった和の素材のものまで、いろいろなフレーバーのボンボン・ショコラがあります

ベルアメール
Bel Amer

○東京都目黒区八雲1-4-6　☎03-5701-2523　www.belamer.jp
20種類ほどの定番のボンボン・ショコラに加え、四季に合わせて各シーズンに季節限定「ショコラ・セゾン」を発表するという試みをしていて、とてもユニーク。円盤形の板チョコや、ナッツをのせた「パレマンディアン」もお勧めです

ドボーヴ・エ・ガレ
Debeauve et Gallais

○30, rue des Saint-Peres 75007 Paris　☎(+33フランス) 01 45 48 54 67
日本ではレストランキャンティ(☎03-3583-0145)が取り扱っています。松屋銀座店B1F、丸ビルB1Fのキャンティでも購入できます。お勧めはキャラメリゼしたアーモンド入りの「クロカマンド」。カリカリした歯ごたえは、くせになります

オリジンーヌ・カカオ
Origines Cacao

○東京都目黒区緑が丘2-25-7 ラ・クール自由が丘2F ☎03-5731-5071
オーナーは20年近くも上質なボンボン・ショコラを作り続けています。お勧めは「オリジンーヌ・カカオ」で、3つの産地のカカオ豆をブレンドした代表作。繊細で深い味わいと、美しく丁寧なショコラ作りには定評があります

ル ショコラティエ タカギ
Le Chocolatier Takagi

○東京都世田谷区深沢4-18-14 ☎03-5758-6888
ご自慢はカカオ豆からチョコレートになるまで、こだわりのオーダーメイドで仕上げたオリジナル・クベルチュールです。最近、酸味に特徴のあるマダガスカル産の「サンビラーノ」豆で作った板チョコが仲間入りしました

ショコラ・バー パスカル カフェ
Chocolat Bar Pascal Caffet

○東京都中央区日本橋2-4-1 日本橋髙島屋3F ☎03-3211-4111(代表)
フランボワーズ風味を始めとする酸味のあるフルーツを練り込んだボンボン・ショコラが充実しています。オペラ社のクベルチュールを使用していて、テイスティングセットで産地別に味わうこともできますよ

アメディ
Amedi

○東京都中央区銀座1-4-3 スパッツィオ ブレラ ギンザ1F ☎03-5524-2551
宝飾店スパツィオ ブレラ ギンザにコーナーがあります

テオムラタ
Théomurata

○大分県湯布院町川上1267-1 ☎0977-85-2975 www.sansou-murata.com
人気の湯宿「山荘 無量塔」に併設してあります。特産の「ゆずねり」を使ったゆずトリュフ、桐箱入りの3種の茶葉ショコラなど、どれもオリジナリティーがあり、日本の職人技を駆使したパッケージはうっとりするほど美しいです

ノイハウス
Neuhaus

○東京都中央区銀座2-8-2　☎03-3567-3651
2007年に150周年を迎えるノイハウス。シンボルカラーを今までの濃いグリーンから、オレンジ系の赤色にチェンジ。明るくシャープなイメージになりました。プラリーヌやタブレットは、ベルギーの老舗の味わいが楽しめます

和光チョコレートサロン
Wako Chocolate Salon

○東京都中央区銀座4-4-5　☎03-5250-3135
○和光チョコレートショップ　東京都中央区銀座4-5-4　☎03-3562-5010
老舗のチョコレート専門店。質が良く上品でマイルドな味わい。パッケージもシンプルで気品があるのと、私自身が銀座に住んでいるので、お遣い物にもよくします。サロンではシャンパンとショコラのマリアージュも楽しめます

ピエール・エルメ・パリ
Pierre Hermé Paris

○東京都渋谷区神宮前5-51-8 ラ・ポルト青山1・2F　☎03-5485-7766
○東京都千代田区紀尾井町4-1 ホテルニューオータニ ザ・メイン ロビィ階
☎03-3221-7252（伊勢丹新宿店本館B1Fにもお店があります）
○72, rue Bonapartre 75006 Paris　☎（+33フランス）01 43 54 47 77
毎年ユニークなテーマで新作を発表し続けています。斬新な創作だけでなく、フランスの伝統的なパティスリーをエルメ風に蘇らせたものも独創的なおいしさです。チョコレートのマカロンは、数種類あってどれも個性的でお勧めです

ミュゼ ドゥ ショコラ テオブロマ
Musée du Chocolat Théobroma

○渋谷本店　東京都渋谷区富ケ谷1-14-9　☎03-5790-2181
○テオブロマ広尾店　東京都港区南麻布5-16-13　☎03-5798-2946
持ち前のバイタリティーと好奇心の強さで、年々目覚ましくショコラが進化しています。チョコレートケーキや、サロンで飲むホットチョコレートもお勧め。フランスのショコラの良さを生かした個性的な味わいが魅力です

ミッシェル・ショーダン
Michel Chaudun

○東京都中央区銀座6-10-1 松坂屋銀座店B1F ☎03-3572-1111(代表)
○149, rue de l'Université 75007 Paris ☎(+33フランス) 01 47 53 74 40
1970年代からフランスのボンボン・ショコラの質を、大幅に向上させるのに貢献したショコラティエの一人です。チョコレートで作る精密な彫刻は、世界一の腕前で、食べるのがもったいないほどの美しさ。職人気質のおいしさです

デルレイ
Del Rey

○東京都中央区銀座5-9-19 銀座MCビル1F ☎03-3571-5200
○東京都渋谷区神宮前4-12-10 表参道ヒルズ本館3F ☎03-5785-1555
ベルギーのダイヤモンドで知られるアントワープに本店を持つブランドらしく、ダイヤモンドをかたどったチョコレートがユニーク。スパイラル状に食べる遊び感覚の板チョコは数種類あって、なかでも72%のベネズエラがおいしいです

ノカ・チョコレート
Nōka Chocolate

アメリカ生まれの無添加の産地限定ブラックチョコレート。乳化剤のレシチンや、香料を一切使用していないので、カカオそのものの味が楽しめます(121ページ参照)。2007年3月末、東京ミッドタウンに日本初のショップがオープン予定

リシャール
Richart

○東京都中央区銀座7-7-12 ☎03-5537-3088
○東京都港区六本木6-10-2 六本木ヒルズ けやき坂通り ☎03-5770-6544
○258, bd.Saint-Germain 75007 Paris ☎(+33フランス) 01 45 55 66 00
トレードマークは白と薄いグレイを基調としたデザイン。産地やカカオの品種や含有量を表記した「ウルトラマンス」など、常にデザイン性を意識したショコラ作りをしています

【ショコラティエ】

ラ・メゾン・デュ・ショコラ
La Maison du Chocolat

○東京都千代田区丸の内3-4-1 新国際ビル1F ☎03-3201-6006
○東京都港区北青山3-6-1 ハナエ モリ ビル1F ☎03-3499-2168
○52, rue François 1er 75008 Paris ☎(+33フランス) 01 47 23 38 25
思えばパリにあるこの店で、勧められるままひと粒口にしたのが、私のチョコレート人生の始まりとなりました。洗練された質の高いガナッシュ入りのボンボン・ショコラは言わずもがな、パティスリーも濃厚なショコラの味わいが魅力

ジャン＝ポール・エヴァン
Jean-Paul Hévin

○東京都新宿区新宿3-14-1 伊勢丹新宿店本館B1F ☎03-3352-1111(代表)
○東京都渋谷区神宮前4-12-10 表参道ヒルズ本館1F ☎03-5410-2255
○231, rue Saint-Honoré 75001 Paris ☎(+33フランス) 01 55 35 35 96
レストランの気鋭パティシエとしての経験が、繊細でスタイリッシュな味わいを作り出しています。素材の風味を大切にしたシンプルな定番から、時勢に即した素材で作る季節のショコラまで、見事な創造力です。2007年3月末、東京ミッドタウンにも出店予定

ピエール マルコリーニ
Pierre Marcolini

○東京都中央区銀座5-5-8 ☎03-5537-0015（アイスクリーム☎03-5537-2047）
○Place du Grand Sablon, Rue de Minimes 1-1000 Bruxelles BERGIQUE（ベルギー・ブリュッセル）☎(+32ベルギー) 02 514 12 06
自社でカカオ豆からチョコレートを製造しています。こうしたショコラティエは、世界でも数えるほどしかいません。そのためセンスの良いチョコレートに漂う手作り感が魅力。とりわけトリュフシャンパーニュは幸せの味です

Carnet d' adresse de Mika

ミカのアドレス帳

この本でご紹介したチョコレートが購入できる
ショップのリストです。
私のアドレス帳の中から、
さらに厳選してお届けします。

＊2006年12月現在のデータです。
＊日本からヨーロッパへ電話をする場合は、
国番号のあとのゼロは不要。
現地（国内通話）でのみゼロが必要となります。
＊詳細は変更の可能性がありますので、各店にお問い合わせください。

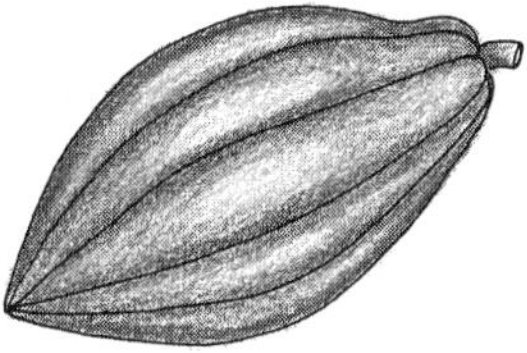

撮影　ハナブサ・リュウ

デザイン　渡辺貴志

イラスト　おぐらみか

協力　日本チョコレート・ココア協会
サンライト紙工㈱
㈱キハチ アンド エス
㈱ヴィアンドエス

（カバーの写真）

Jean-Paul Hévin作　チョコレートのグラス、グラスの中のトリュフ、グラスの台。

カカオ豆以外は、すべてジャン=ポール・エヴァンが作ったチョコレート。

チョコレートのグラスは、
1841年に誕生したバカラのアルクール グラスがモデルです

おぐら　みか●
チョコレート＆食文化研究家、エッセイスト。
12年間パリに暮らす。パリ第四大学フランス文明講座、
パリ第三大学言語学研究課程修了。1999年に帰国。
著書に『ショコラが大好き！』新潮社、
『チョコレートものがたり』『パリを歩いて』東京創元社、
『アラン・デュカス 進化するシェフの饗宴』新潮社、
訳書に『ソニア・リキエルのパリ散歩』集英社などがある。
ホームページはwww.chocolatclub.com

チョコレートの
ソムリエになる
著者　小椋三嘉
発行日　2007年1月24日　第1刷発行

発行者　大塚 寛
発行所　株式会社　集英社
〒101-8050　東京都千代田区一ツ橋2-5-10
（編集部）03(3230)6289
電　話　（販売部）03(3230)6393
（読者係）03(3230)6080
印　刷　凸版印刷株式会社
製　本　凸版印刷株式会社

ISBN978-4-08-650122-4
定価はカバーに表示してあります。